Cómo
NO MATAR
tus plantas

Cómo
NO MATAR
tus plantas

*Consejos y cuidados para que tus
plantas de interior sobrevivan*

Veronica Peerless

CONTENIDOS

PLANTAS DE INTERIOR   30

Esta sección ofrece detalles para
el cuidado específico de 114 plantas
e incluye toda la información
necesaria para analizar y solucionar
los problemas que surjan.

LAS 5 MEJORES

¿CUÁL ES TU PLANTA?

BROMELIA FASCIADA
Aechmea fasciata
pp. 32-33

PLUMA DE INDIO
Vriesea splendens
p. 33

GUZMANIA
Guzmania lingulata
p. 33

PLANTA BARRA DE LABIOS
Aeschynanthus pulcher
pp. 34-35

AGAVE
Agave
p. 39

HELECHO PLUMOSO
Asparagus setaceus
p. 43

BEGONIA DE HOJA PINTADA
Begonia rex
p. 45

CACTUS ESPINA DE PEZ
Disocactus anguliger
p. 35

HAWORTHIA
Haworthia
p. 39

ESPÁRRAGO HELECHO
Asparagus densiflorus
Sprengeri Group
p. 43

LÁGRIMAS DE REINA
Billbergia nutans
pp. 48-49

OREJA DE ELEFANTE
Alocasia x amazonica
pp. 36-37

LIRIO FLAMINGO
Anthurium
pp. 40-41

BEGONIA DE LUNARES
Begonia maculata
pp. 44-45

CLAVEL DEL AIRE
Tillandsia cyanea
p. 49

ALOE VERA
Aloe vera
pp. 38-39

HELECHO COLA DE ZORRO
Asparagus densiflorus
'Myersii'
pp. 42-43

BEGONIA DE FLOR
Begonia Eliator
p. 45

BROMELIA TRICOLOR
Neoregelia carolinae
f. tricolor
p. 49

continúa

CALATEA
Calathea
pp. 50-51

POTUS
Epipremnum
p. 53

PLANTA ROSARIO
Senecio rowleyanus
p. 57

VIOLETA DE PERSIA
Cyclamen persicum
pp. 60-61

PLANTA DE LA ORACIÓN
Maranta
p. 51

PARRA VIRGEN
Cissus rhombifolia
p. 53

RISTRA DE CORAZONE
Ceropegia woodii
p. 57

AZALEA
Rhododendron simsii
p. 61

ESTROMANTE
Stromanthe
p. 51

CLIVIA
Clivia miniata
pp. 54-55

NUNCA JAMÁS
Ctenanthe burle-marxii
pp. 58-59

DIEFFENBACHIA
Dieffenbachia seguine
pp. 62-63

CINTA RIZADA
Chlorophytum comosum
'Bonnie'
pp. 52-53

ÁRBOL DE JADE
Crassula ovata
pp. 56-57

CROTÓN
Codiaeum variegatum
p. 59

CABEZA DE FLECHA
Syngonium podophyllum
p. 63

PLANTA MARIPOSA
Oxalis triangularis
p. 63

TRONCO DEL BRASIL
Dracaena fragrans
pp. 68-69

ECHEVERIA
Echeveria
pp. 72-73

FICUS LIRA
Ficus lyrata
pp. 76-77

VENUS ATRAPAMOSCAS
Dionaea muscipula
pp. 64-65

DRÁCENA DE HOJA FINA
Dracaena marginata
p. 69

PLANTA DEL AIRE
Aeonium
p. 73

FICUS BENJAMINA
Ficus benjamina
p. 77

SARRACENIA
Sarracenia
p. 65

CANCIÓN DE LA INDIA
Dracaena reflexa
p. 69

BOCA DE TIGRE
Faucaria
p. 73

ÁRBOL DEL CAUCHO
Ficus elastica
p. 77

COPA DE MONO
Nepenthes
p. 65

BAMBÚ DE LA SUERTE
Dracaena sanderiana
pp. 70-71

FLOR DE PASCUA
Euphorbia pulcherrima
pp. 74-75

FITONIA
Fittonia
pp. 78-79

continúa

ORTIGA DE TERCIOPELO
Gynura aurantiaca
p. 79

ARALIA DEL JAPÓN
Fatsia japonica
p. 81

ARECA
Dypsis lutescens
p. 85

CALANDIVA
Kalanchoe
Calandiva® Series
p. 91

HOJA DE LA SANGRE
Hypoestes
p. 79

AMARILIS
Hippeastrum
pp. 82-83

FLOR DE CERA
Hoya carnosa
pp. 88-89

HELECHO COCODRILO
Microsorum musifolium
pp. 92-93

HIEDRA COMÚN
Hedera helix
pp. 80-81

KENTIA
Howea fosteriana
pp. 84-85

FLOR DE CERA MINI
Hoya bella
p. 89

HELECHO DE BOSTON
Nephrolepis exaltata
'Bostoniensis'
pp. 93

LAUREL MANCHADO
Aucuba japonica
p. 81

PALMERA DE SALÓN
Chamaedorea elegans
p. 85

ESCARLATA
Kalanchoe blossfeldiana
pp. 90-91

HELECHO NIDO
Asplenium nidus
p. 93

NOMETOQUES
Mimosa pudica
pp. 94-95

NOPAL CEGADOR
Opuntia microdasys
pp. 98-99

YERBA LINDA
Peperomia rotundifolia
p. 101

**FILODENDRO
IMPERIAL ROJO**
*Philodendron
'Imperial Red'*
pp. 108-109

COSTILLA DE ADÁN
Monstera deliciosa
pp. 96-97

CACTUS ESTRELLA
Astrophytum ornatum
p. 99

PEPEROMIA GOTA DE LLUVIA
Peperomia polybotrya
p. 101

**FILODENDRO DE HOJA
ACORAZONADA**
Philodendron scandens
p. 109

FILODENDRO XANADÚ
*Thaumatophyllum
xanadu*
p. 97

REBUTIA
Rebutia
p. 99

ORQUÍDEA ALEVILLA
Phalaenopsis
pp. 102-103

FILODENDRO ROJO
Philodendron erubescens
p. 109

PULMÓN DE GATO
Monstera adansonii
p. 97

PEPEROMIA SANDÍA
Peperomia argyreia
pp. 100-101

HELECHO PALMA
Phlebodium aureum
pp. 104-105

PLANTA MISIONERA
Pilea peperomioides
pp. 110-111

continúa

PLANTA DE LA AMISTAD
Pilea involucrata
'Moon Valley'
p. 111

VIOLETA AFRICANA
Saintpaulia
pp. 114-115

LIVISTONA
Saribus rotundifolius
pp. 118-119

PLANTA CEBRA
Aphelandra squarrosa
p. 121

MADREPERLA
Pilea cadierei
p. 111

LENGUA DE TIGRE
Sansevieria trifasciata
pp. 116-117

PALMERA COLA DE PEZ
Caryota mitis
p. 119

CACTUS DE NAVIDAD
Schlumbergera buckleyi
pp. 122-123

CUERNO DE ALCE
Platycerium bifurcatum
pp. 112-113

LANZA AFRICANA
Sansevieria cylindrica
p. 117

PALMERA ENANA
Phoenix roebelenii
p. 119

CACTUS DE PASCUA
Schlumbergera gaetneri
p. 123

CUERNO DE ALCE GRANDE
Platycerium grande
p. 113

PLANTA DE LA LECHE
Euphorbia trigona
p. 117

ARALIA
Schefflera arboricola
pp. 120-121

CACTUS MISTLETOE
Rhipsalis baccifera
p. 123

ESPATIFILO
Spathiphyllum
pp. 124-125

ESTREPTOCARPO
Streptocarpus
pp. 130-131

CÓLEO
Solenostemon
p. 135

ZAMIOCULCA
Zamioculcas zamiifolia
pp. 138-139

AGLAONEMA
Aglaonema
p. 125

GLOXINIA
Sinningia speciosa
p. 131

YUCA
Yucca elephantipes
pp. 136-137

PALMA DE IGLESIA
Cycas revoluta
p. 139

ASPIDISTRA
Aspidistra eliator
p. 125

PLANTAS DEL AIRE
Tillandsia
pp. 132-133

PLANTA TI
Dracaena angustifolia
p. 137

CASTAÑO DE GUINEA
Pachira aquatica
p. 139

AVE DEL PARAÍSO
Strelitzia reginae
pp. 128-129

AMOR DE HOMBRE
Tradescantia zebrina
pp. 134-135

NOLINA
Beaucarnea recurvata
p. 137

NOCIONES BÁSICAS

LO QUE TODA PLANTA DE INTERIOR
NECESITA PARA SOBREVIVIR

COMPRA

Intenta comprar tus plantas en un vivero o centro de jardinería para asegurarte de que hayan recibido los cuidados adecuados. Al escoger una planta de interior, ten en cuenta los siguientes factores y piensa en cómo llevarla hasta tu casa sin que sufra.

FORMA

Fíjate en que la planta tenga una buena forma. Decántate por las frondosas y evita las que estén raquíticas o espigadas.

Dieffenbachia
(pp. 62-63)

SUSTRATO

Comprueba que el sustrato esté húmedo. No debería estar ni empapado ni muy seco, pues eso indicaría que la planta no se ha regado correctamente.

RAÍCES

Si se ven muchas raíces por encima del sustrato o si sobresalen por debajo de la maceta, la planta necesita ser trasplantada. Evita esos ejemplares, porque habrán hecho un sobreesfuerzo para crecer y no estarán en condiciones óptimas.

PLANTAS CON FLORES

Si eliges una planta con flores, fíjate en que además de flores tenga capullos, porque así durará más, ya que los capullos irán sustituyendo las flores que se marchiten. No escojas plantas con capullos muy cerrados porque quizá no se abran después del traslado a casa.

Crisantemo

ENVUÉLVELA

La mejor época para comprar plantas es en primavera y verano, dado que la temperatura es más suave y así no sufren cambios bruscos de temperatura además del de emplazamiento. Si compras una planta en invierno y hace frío, envuélvela para llevártela a casa, puesto que el cambio brusco de temperatura puede hacer caer las hojas o las flores de algunas especies, o incluso matarlas. La flor de Pascua es muy sensible al frío.

ESTADO

Comprueba que las hojas estén frescas y presenten un buen color, sin manchas marrones o amarillentas.

Flor de Pascua (pp. 74-75)

PLAGAS Y ENFERMEDADES

Examinando la parte inferior de las hojas verás si sufre alguna anomalía (ver Plagas, pp. 24-27 y Enfermedades, pp. 28-29).

MACETA Y LUGAR

En cuanto llegues a casa con tu planta, comprueba que esté en una maceta con agujeros y encuéntrale un lugar adecuado. Si tienes estas dos cosas en cuenta, será mucho más fácil que la planta crezca bien.

EN QUÉ MACETA

La mayoría de las plantas de interior se venden en macetas de plástico con agujeros en la base que pueden introducirse en tiestos más decorativos. Pero algunas plantas se comercializan en macetas decorativas sin orificios, lo que impide saber si el agua se acumula en el fondo y pudre las raíces. Es mejor trasplantar esas plantas a una maceta de plástico con agujeros en la base, y luego introducirla en otra más bonita.

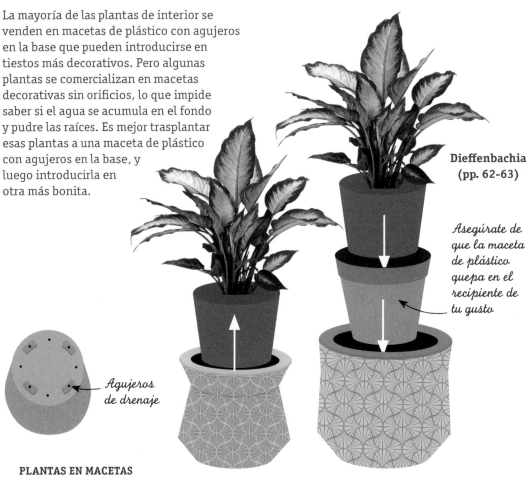

Dieffenbachia (pp. 62-63)

Asegúrate de que la maceta de plástico quepa en el recipiente de tu gusto

Agujeros de drenaje

PLANTAS EN MACETAS DE PLÁSTICO
Comprueba que la maceta tenga agujeros de drenaje en la base.

TRASPLANTE A UNA MACETA DE PLÁSTICO
Si la planta viene en un tiesto decorativo, pásala a una maceta de plástico con agujeros de drenaje antes de ocultarla en otro recipiente bonito.

DÓNDE PONERLA

Para encontrar el lugar idóneo para una planta, piensa en temperatura, luz y humedad. Averigua su lugar de origen: las plantas selváticas no disfrutarán en el soleado alféizar de una ventana. Averigua las necesidades de tu planta y colócala donde le convenga a ella, no a ti.

LUZ

La luz es la fuente de energía de las plantas de interior, y unas necesitan más que otras. La mayoría de las plantas crecen bien con una gran cantidad de luz, pero indirecta o tamizada, no directa. Un buen sitio es a unos 30-90 cm de una ventana orientada al norte, al este o al oeste. Ten en cuenta que la luz va cambiando a lo largo del día y de una época del año a otra.

Aloe vera
(pp. 38-39)

TEMPERATURA

A la mayoría de las plantas de interior, como a nosotros, les gustan el calor durante el día y más fresco por la noche. Algunas, como la hiedra y el ciclamen, prefieren temperaturas más bajas. Pero ninguna tolera grandes cambios, por lo que es mejor evitar los siguientes lugares:

→ Cerca de un radiador
→ Cerca de un aparato de aire acondicionado
→ Donde hay corriente
→ En el alféizar de una ventana, con la cortinas corridas por la noche

Comprueba la temperatura ambiente con un termómetro

HUMEDAD

Muchas plantas de interior son originarias de regiones tropicales húmedas y, aunque soportan una menor humedad, pueden sufrir en habitaciones muy calurosas o con calefacción central. Elige plantas originarias de entornos más secos, como los cactus y las suculentas, para habitaciones que sean siempre secas. Mantén las plantas más tropicales alejadas de fuentes directas de calor, como radiadores, y plantéate trasladarlas a una habitación más fresca o húmeda, como el baño o la cocina. En los meses más cálidos, abre una ventana, ya que el aire del exterior es más húmedo que el interior. Algunas plantas, como los helechos, se adaptan al ambiente húmedo de un terrario. Nebulizar las plantas o ponerlas en una bandeja con guijarros llena de agua solía aconsejarse para aumentar la humedad ambiental, pero actualmente se cree que esto solo tiene un efecto limitado y a corto plazo.

Helecho de Boston (p. 93)

Palmera de salón (p. 85)

Kentia (pp. 84-85)

RIEGO

El riego inadecuado es la principal razón por la que mueren las plantas de interior. Estos métodos son los mejores para regar plantas sanas y salvar las mustias.

CÓMO REGARLAS

La mayoría de las plantas pueden regarse desde arriba. Sin embargo, si la planta tiene hojas vellosas o si el follaje cubre el sustrato, riégala desde abajo para evitar mojar las hojas. Las orquídeas pueden sumergirse y escurrirse; así, su grueso sustrato absorbe la cantidad correcta de agua. Riega las plantas con agua templada para que no «se asusten». Si es posible, vale la pena dejar un cubo de agua fuera para recoger agua de lluvia. Algunas plantas, como las bromeliáceas, la prefieren porque son sensibles a las sustancias químicas del agua dura de grifo. Saca siempre la maceta del plato antes de regar para que no se estanque.

DESDE ARRIBA

En general, riega con una regadera de cuello largo y fino, para que la boca llegue bien al sustrato. Riega alrededor de la base de la planta para que la tierra se humedezca de manera uniforme y el exceso de agua se escurra.

**Dieffenbachia
(pp. 62-63)**

DESDE ABAJO

Así se evitan salpicaduras en las hojas, que dejan marcas feas y las pudren. Coloca la maceta en un plato con agua y déjala unos 30 minutos. A continuación, retira el exceso de agua del plato.

**Violeta de Persia
(pp. 60-61)**

SUMERGIR Y ESCURRIR

Una buena técnica para regar las orquídeas: coloca la maceta en un recipiente con agua tibia y déjala ahí unos diez minutos. Después, deja que se escurra bien.

**Orquídea alevilla
(pp. 102-103)**

¿CUÁNTA AGUA?

Estos indicadores permiten saber cuándo una planta necesita que la rieguen y con cuánta agua:

→ **El exceso de agua, junto a la falta de luz**, es la principal causa de muerte de las plantas de interior. Cuanta más luz reciba la planta, más agua necesitará.

→ **No te rijas por un horario:** aprende a captar las necesidades de tu planta. La mayoría de ellas solo necesitan que las rieguen cuando se han secado 1 o 2 cm de la parte superior del sustrato. Clava el dedo en la tierra con suavidad para comprobarlo. Si el sustrato está cubierto de hojas, guíate por el peso de la maceta: si la notas muy ligera es que el sustrato está seco.

→ **El objetivo es humedecer el sustrato**, no empaparlo: casi todas las plantas de interior odian el sustrato empapado, así que deja drenar bien el exceso de agua.

→ **En los tiestos de barro, el sustrato se seca antes** que en los de plástico o de cerámica porque el barro es un material poroso.

→ **La mayoría de las plantas necesitan menos agua en invierno** porque no crecen de forma activa. Algunas necesitan hibernar para florecer.

¿MARCHITA POR FALTA DE AGUA?

Si la planta se ha marchitado, puede que le falte agua. Pero comprueba siempre que el sustrato esté seco para asegurarte, dado que un exceso de agua puede tener las mismas consecuencias.

☀ SÁLVALA
Pasa la planta a un lugar más sombrío y llena un recipiente con agua templada. Introduce la maceta (de plástico con agujeros de drenaje) en el agua y ponle un peso si flota. Déjala en remojo unos 30 minutos y escúrrela. La planta debería revivir en el plazo de una hora.

Espatifilo
(pp. 124-125)

¿MARCHITA POR EXCESO DE AGUA?

Las plantas también se marchitan por estar anegadas. Y es mucho más grave, porque mueren mucho antes que por falta de agua.

☀ SÁLVALA *Saca la planta de la maceta y envuelve el cepellón con papel de periódico o de cocina. Cámbialos hasta que hayan absorbido toda la humedad. Pon la planta en una maceta con sustrato nuevo y déjala lejos de la luz directa del sol. Mantén el sustrato unas semanas solo ligeramente humedecido.*

Saca la planta de sus dos macetas

Violeta africana
(pp. 114-115)

ABONO Y CUIDADOS

Para vivir, una planta necesita algo más que agua; la mayoría requieren nutrientes. Y merece la pena dedicar unos minutos a la semana a examinar y acicalar la planta, que agradecerá las atenciones recibidas.

ABONO

Todas las plantas necesitan nutrientes para crecer bien. Las plantas carnívoras capturan a sus presas para alimentarse, pero el resto, por lo general, necesitan abono líquido para plantas de interior. Deberías empezar a abonar la planta unas semanas después de que llegue a tu casa, y al cabo de un par de meses de trasplantarla. En primavera y verano, añade abono líquido para plantas a la regadera; normalmente basta con una vez al mes. Sigue las instrucciones del fabricante al pie de la letra y no sucumbas a la tentación de echar más, pues un exceso de abono puede dañar la planta. Es mejor abonar cuando el sustrato ya está húmedo, porque así el producto llega directamente a las raíces y no se escurre. Otra posibilidad es añadir bolitas o barritas de liberación lenta al sustrato, aunque es una opción de mantenimiento mínimo porque solo liberarán un poco de abono cada vez que riegues. No abones las plantas de interior en invierno a no ser que estén en época de floración.

Añade abono líquido al agua

Añade bolitas de fertilizante al sustrato

Aralia
(pp. 120-121)

CUIDADOS EXTRAS

Dedica unos minutos a la semana a observar tu planta para detectar sus necesidades y asegurarte de que esté sana. No se trata tan solo de saber si está bien, sino de advertir indicios de problemas antes de que se manifiesten.

ACICALAMIENTO

Retira las hojas secas y las flores marchitas. Así saldrán más brotes y evitarás que los pétalos secos caigan encima del follaje y lo pudran.

Retira las hojas secas y marrones

Tronco del Brasil (pp. 68-69)

LIMPIEZA

Limpia las hojas de las plantas (sobre todo las grandes) con un paño limpio y húmedo para quitarles el polvo, que impide que les llegue la luz. Da una ducha de agua templada a las palmeras en invierno y déjalas bajo la lluvia en verano. Las plantas de hojas velludas o espinosas se limpian mejor con un pincel suave.

Limpia las hojas velludas con un pincel

Limpia las hojas céreas con un paño húmedo

INSPECCIÓN

Más vale prevenir que curar. Si ves que la planta parece enfermiza, revisa la pauta de cuidados y busca indicios de plagas o enfermedades antes de que causen estragos. (Ver Plagas pp. 24-27, y Enfermedades, pp. 28-29).

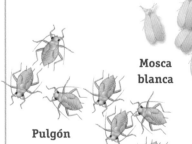

Mosca blanca

Pulgón

TRASPLANTE

Tarde o temprano, el sustrato original de la planta se habrá agotado y habrá que trasplantarla. Lo más probable es que también haya crecido y tengas que pasarla a una maceta más grande.

CUÁNDO TRASPLANTAR

Casi todas las plantas necesitan trasplante cuando las raíces se arremolinan junto a la maceta; para comprobarlo, hay que sacar el cepellón con cuidado. Trasplántalas a una maceta solo unos 5 cm de diámetro más grande que la anterior; si fuera mucho mayor, habría demasiado sustrato y quedaría anegado de agua. Casi siempre va bien el sustrato universal libre de turba o el de plantas de interior, pero a veces hace falta una mezcla especial. Por ejemplo, para orquídeas y cactus, no sirve la tierra del jardín. Lo mejor es trasplantar en primavera o verano. Algunas plantas necesitan un tiempo para recuperarse del trasplante, pero no debería ser mucho. Sigue cuidándolas como siempre.

Sustrato nuevo

PLANTAS EN MACETAS PEQUEÑAS
Trasplántalas a una maceta más grande con sustrato fresco.

Dieffenbachia (pp. 62-63)

Las raíces sobresalen por la base de la maceta

PLANTAS EN MACETAS GRANDES
A veces cuesta sacar las plantas grandes y maduras, pero se puede añadir sustrato. Retira de 5 a 8 cm del sustrato de la parte de arriba con una pala pequeña o una cuchara (con cuidado de no dañar las raíces) y sustitúyelo por otro nuevo.

Ficus lira (pp. 76-77)

CÓMO TRASPLANTAR

Sigue estos pasos para trasplantar la planta de la forma correcta. Necesitarás una maceta nueva y sustrato fresco.

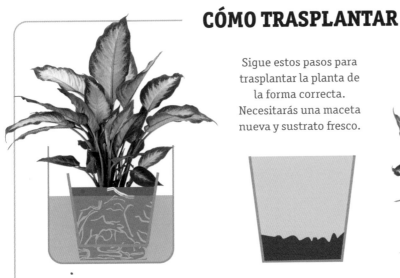

1 Riega la planta el día antes de trasplantarla. Así te resultará más fácil extraerla y le afectará menos el proceso.

2 Pon sustrato fresco en el fondo de la nueva maceta, algo más grande.

3 Sujeta la planta cabeza abajo por la base de los tallos y da golpecitos a la maceta para que salga.

6 Riega la planta y deja escurrir el exceso de agua.

Deja 2 o 3 cm entre la tierra y el borde

4 Coloca la planta en la maceta nueva. Deja espacio entre la parte superior del sustrato y el borde de la maceta.

5 Añade sustrato alrededor del cepellón, presionando ligeramente.

«Después de trasplantarla, sigue cuidando la planta como de costumbre».

PLAGAS

Las plantas de interior pueden sufrir infestaciones que pueden dañarlas o incluso matarlas. A continuación te indicamos cómo identificar las plagas y qué hacer para salvar la planta.

CÓMO VENCER LAS PLAGAS

La mejor forma de evitar las plagas es mantener las plantas sanas, puesto que las plantas sanas resisten mejor el ataque de una plaga.

Antes de comprar una planta, comprueba si presenta signos de plagas y, ya en casa, hazlo con regularidad.

Si tu planta se infecta con una plaga, puedes tratarla con un insecticida orgánico no tóxico y respetuoso con el medio ambiente, como una solución de jabón insecticida u hortícola.

Si tienes muchas plantas de interior en un lugar y todas padecen el mismo problema, puedes probar con un control biológico. Son productos naturales que pueden pedirse por correo y funcionan introduciendo depredadores (que suelen ser invisibles a simple vista) para atacar las plagas.

Trampa adhesiva

Begonia (pp. 44-45)

Pista

Dónde localizar plagas en las plantas

Capullos y tallos

En las hojas

En la tierra

«Las plantas sanas resisten mejor el ataque de una plaga».

LAS PLAGAS

Puedes ver indicios de estas plagas en tus plantas de interior. Encontrarás más detalles sobre las plagas a las que cada planta es más propensa en su página correspondiente.

MINADOR DE HOJAS

Verás un reguero marrón, blanco u opaco en las hojas: las larvas habrán hecho sus «túneles». Quizá haya también puntos blancos en las hojas.

☀ **TRATAMIENTO** *Retira las hojas afectadas y trata la planta con un insecticida orgánico.*

Las larvas hacen túneles en las capas de las hojas

Hoja de crisantemo

MOSCA BLANCA

Se oculta en la cara inferior de las hojas y, al tocar la planta, sale volando una nube de minúsculos insectos blancos.

☀ **TRATAMIENTO** *Saca temporalmente la planta al exterior y expulsa a los insectos con un chorro de agua. Prueba a colgar una trampa adhesiva, con la que atraparás muchos insectos.*

Hoja de begonia

TRIP

O «arañuela». Es un insecto diminuto de color marrón o negro que chupa la savia y aparece en plantas que han pasado tiempo en el exterior. Entre las señales de infestación están las hojas moteadas y de color apagado, unos rastros de un blanco plateado en las hojas o las flores, y un crecimiento irregular.

☀ **TRATAMIENTO** *Las trampas adhesivas, sobre todo las azules, ayudan a reducirlos. Pulveriza la planta con insecticida orgánico o prueba el control biológico.*

MOSQUILLA NEGRA

También llamada «mosca del sustrato». Es un pequeño insecto marrón o negro que revolotea alrededor de la planta. No es dañino pero sí molesto. Sus gusanos se alimentan principalmente de materia orgánica del sustrato, pero a veces atacan las raíces de las plantas. Las plantas sanas pueden soportarla, pero las jóvenes o débiles no.

☀ **TRATAMIENTO** *Antes de regar, deja que se sequen 1 o 2 cm de sustrato, pues la atrae la humedad. Asegúrate de que la planta tiene buena luz. Una trampa adhesiva amarilla atraerá a los insectos. Cubre el sustrato con una gravilla fina o guijarros para evitar que la mosquilla ponga huevos.*

Zonas moteadas

Hoja de crotón (p. 59)

continúa

ARAÑA ROJA

El follaje se pone blanquecino o moteado, con una telaraña entre las hojas y el tallo, y caen las hojas. Estos ácaros resultan visibles con ayuda de una lupa en la cara inferior de las hojas. La araña roja se desarrolla en ambientes secos y cálidos.

TRATAMIENTO *Pulveriza toda la planta con un insecticida o recurre al control biológico. Vigila de vez en cuando con una lupa la cara inferior de las hojas.*

**Hoja de hiedra
(pp. 80-81)**

«Examina la planta
con regularidad y aborda
los problemas antes de
que empeoren».

GORGOJO

Si la planta se ha abatido y no la has regado ni mucho ni muy poco, quizá la culpa la tengan los gorgojos. Se instalan en el sustrato de las plantas que han estado en el exterior. Mordisquean las raíces, el bulbo o el tubérculo de la planta y hacen que se marchite de repente.

TRATAMIENTO *Si la planta ha estado en el exterior en verano, empapa el sustrato con un insecticida o control biológico a finales de verano o comienzos de otoño para matar las larvas o trasplanta con sustrato nuevo. Si se han comido parte de las raíces, la planta no se recuperará.*

Busca larvas en el sustrato de la planta **Echeveria (pp. 72-73)**

PULGÓN

Los pulgones pueden ser verdes, negros, grises o naranjas. Se acumulan en el extremo de los tallos y en los capullos de las flores, donde succionan la savia y segregan miel que a continuación queda colonizada por un moho negruzco. El pulgón puede transmitir enfermedades.

☀ TRATAMIENTO *Quítalo frotando con la mano, o echa un chorro de agua o insecticida. También es útil una trampa adhesiva amarilla.*

**Hoja de fitonia
(pp. 78-79)**

INSECTO ESCAMA

Estos insectos tipo lapa parecen bultos marrones en los tallos y la parte inferior de las hojas. También segregan una savia pegajosa que puede acabar en un moho negruzco. Si no se controla, la planta se debilita y las hojas amarillean.

☀ TRATAMIENTO *Quítalos frotando con la mano o pulveriza la zona afectada con insecticida orgánico (no rocíes las hojas de los helechos, porque son muy sensibles a las sustancias químicas). También puedes probar el control biológico.*

Los insectos escama se acumulan a lo largo del centro de las hojas

**Hoja de aralia
(pp. 120-121)**

COCHINILLA DE LA HARINA

Estos insectos blancos y lentos revestidos de una pelusilla blanca se agrupan en los tallos, las uniones de las hojas y debajo de estas. Succionan la savia y segregan una miel pegajosa que luego coloniza un moho negruzco. Las hojas amarillean, se caen o se mustian.

☀ TRATAMIENTO *Pasa un trapo húmedo o un bastoncillo de algodón con insecticida orgánico. O pulveriza la planta semanalmente con insecticida orgánico. El control biológico también funciona. Estas cochinillas son difíciles de erradicar y, si está muy infestada, suele ser más práctico tirar la planta.*

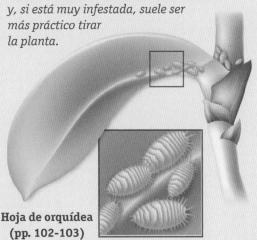

**Hoja de orquídea
(pp. 102-103)**

ENFERMEDADES

Cuidar bien de las plantas es la mejor defensa contra las enfermedades, pero no hay que bajar la guardia. Ahora aprenderás a identificar y tratar sus enfermedades.

↳ *Avance del moho gris*

Violeta africana (pp. 114-115)

↳ *La planta está mustia*

Violeta de Persia (pp. 60-61)

↳ *Zonas de polvo blanco*

Hoja de planta misionera (pp. 110-111)

BOTRITIS (O MOHO GRIS)

Por toda la planta hay una pelusilla gris, principalmente en condiciones de frío, humedad o congestión.

☀ **TRATAMIENTO**

Riega la planta desde abajo para no salpicarla. Retira las zonas afectadas junto con el sustrato que esté mohoso y trata la planta con un fungicida orgánico. Riégala y pulverízala con menos frecuencia. Aumenta la ventilación.

PODREDUMBRE DE LA CORONA

Las partes inferiores de la planta están oscuras, blandas y podridas por una infección por hongos. Suele deberse a un exceso de riego, salpicaduras en la base de los tallos o al frío.

☀ **TRATAMIENTO**

Intenta salvar la planta cortando la zona afectada y tratándola con un fungicida orgánico. Evita el exceso de riego y trasládala a un lugar más cálido y mejor ventilado.

OÍDIO

Aparecen zonas de polvo blanco en las hojas. Es más habitual que ocurra cuando las plantas están apiñadas o cuando se riegan poco. No es mortal, pero puede hacer que las plantas se debiliten.

☀ **TRATAMIENTO**

Retira las hojas afectadas y trata la planta con un fungicida orgánico. Separa más las plantas entre sí para que circule mejor el aire entre ellas.

Zonas verrugosas

Hoja de ombligo de tierra

Manchas amarillas

Hoja de flor de cera (pp. 88-89)

Fumagina

Hoja de aralia (pp. 120-121)

EDEMA

Protuberancias verrugosas en la parte inferior de las hojas. Se debe a un anegamiento, una humedad elevada y a la falta de luz.

☀ TRATAMIENTO
Reduce la humedad de la estancia, riega menos la planta y trasládala a un lugar más luminoso.

FUMAGINA

Es un hongo negro que crece sobre los excrementos de las plagas. Tapa los poros de la planta e impide que le llegue la luz.

☀ TRATAMIENTO
Retira el moho con un paño limpio y húmedo y trata la infestación por insectos (ver Plagas, pp. 24-27).

VIRUS

Pueden aparecer motas amarillas en las hojas, distorsión del crecimiento y rayas blancas en las flores.

☀ TRATAMIENTO
El virus puede haber sido transmitido por insectos o quizá estuviera ya presente en la planta cuando la compraste. La planta no tiene salvación.

Mancha

Hoja de ficus lira (pp. 76-77)

MANCHA DE LA HOJA

Aparecen en las hojas unas manchas marrones o negras con un halo amarillo que pueden agruparse y matar una hoja. Las producen bacterias u hongos, sobre todo en condiciones húmedas o de acumulación excesiva de plantas, y salpicaduras de agua.

☀ TRATAMIENTO *Retira todas las hojas afectadas y trata la planta con fungicida orgánico. Reduce la humedad y deja más espacio entre las plantas.*

PODREDUMBRE DE LAS RAÍCES

Las raíces se pudren a causa de una infección por hongos producida por un exceso de riego. Las hojas amarillean, se marchitan y se vuelven marrones, y la planta se mustia. Las raíces afectadas quedan blandas y oscuras.

☀ TRATAMIENTO *Retira el sustrato y observa las raíces. Recorta las raíces afectadas con un cuchillo afilado dejando las blancas y sanas. Luego poda la planta de acuerdo con la reducción de raíz, trátala con un fungicida orgánico y trasplántala con sustrato nuevo a una maceta desinfectada.*

Zonas blandas, podridas

Chumbera (pp. 98-99)

PLANTAS DE INTERIOR

CÓMO MIMAR LAS PLANTAS DE INTERIOR
Y TRATAR SUS PROBLEMAS

BROMELIA FASCIADA
Aechmea fasciata

La bromelia fasciada es una planta de aspecto exótico con flores duraderas. La roseta de hojas forma un hueco central que retiene el agua.

CÓMO NO MATARLA

EMPLAZAMIENTO
Colócala en una estancia cálida, entre 13 y 27 °C. Debe circular el aire, así que abre una ventana de vez en cuando.

LUZ
Necesita mucha luz, pero no sol directo, porque le quemaría las hojas.

RIEGO + ABONO
Asegúrate de que siempre haya unos 2 o 3 cm de agua destilada, filtrada o de lluvia en el hueco de la roseta. Vacíalo y rellénalo cada 2 o 3 semanas para evitar que el agua se estanque. Riega el sustrato en verano si los 2-3 cm superiores están secos y déjalo escurrir bien.

CUIDADOS
Si hace calor en la estancia, dale más humedad: colócala en una bandeja con guijarros llena de agua y vaporiza las hojas 1 o 2 veces por semana.

¡BICHOS!
(ver pp. 24-27)

Las hojas sufren plagas de **cochinillas de la harina** e **insectos escama**.

¿HOJAS MARRONÁCEAS, MUSTIAS O CAÍDAS?

Tal vez la corona o las raíces estén podridas por demasiado riego o un mal drenaje.

SÁLVALA *Mira si la corona o las raíces se han podrido. Recorta las zonas afectadas, trata la planta con fungicida y trasplántala cambiando el sustrato. Consulta también Enfermedades (pp. 28-29).*

Hoja marrón

¿FLOR O PLANTA QUE SE SECA?

Es normal.

SÁLVALA *Con un cuchillo afilado, corta la flor lo más cerca posible de las hojas. Las bromelias fasciadas solo florecen una vez, pero si sigues cuidando de la planta echará hijuelos (nuevas plantas en la base). Cuando alcancen un tercio del tamaño de la planta principal, córtalos con cuidado y plántalos aparte.*

¿ESTÁ PÁLIDA?

Demasiada sequedad o bien le da el sol directo.

❤ **SÁLVALA** *Ponla en un lugar más sombrío y vaporiza las hojas con regularidad.*

¿PUNTAS MARRONES?

Puede deberse al aire seco y cálido o a una falta o un exceso de riego. O a que se ha regado con agua dura.

❤ **SÁLVALA** *Añade agua en el hoyo central y riega un poco el sustrato. Pulveriza las hojas más a menudo. Sustituye el agua de riego por agua destilada, filtrada o de lluvia.*

CUIDADOS SIMILARES

PLUMA DE INDIO
Vriesea splendens
Esta planta, con su original flor en forma de espada, requiere los mismos cuidados que la bromelia fasciada.

GUZMANIA
Guzmania lingulata
Otra conocida bromeliácea con necesidades similares. Se caracteriza por su flor en forma de piña.

Aechmea fasciata

Altura y diámetro: hasta 50 cm

PLANTA BARRA DE LABIOS

Aeschynanthus pulcher

Esta planta toma su nombre de las flores de color rojo vivo que emergen de sus fundas de color rojo intenso en verano, igual que los pintalabios. Perfecta para una cesta colgante.

CÓMO NO MATARLA

 EMPLAZAMIENTO
Colócala en un lugar cálido que esté todo el año a 18-27 °C.

 LUZ
A esta planta le gusta la luz, pero no la luz solar directa.

RIEGO + ABONO
Cuando la capa superior de sustrato se seque, riega con agua de lluvia tibia o agua destilada de primavera a otoño. Reduce el riego en invierno. Abona una vez al mes en primavera y verano.

CUIDADOS
Recorta los brotes que hayan quedado cortos y trasplanta en primavera si están muy enraizados.

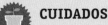 **¡BICHOS!**
(ver pp. 24-27) | Cuidado con los **pulgones** y las **cochinillas**.

¿PELUSILLA GRIS EN LAS HOJAS?

Podría tratarse del moho de la botritis.

♥ **SÁLVALA** *Elimina las zonas afectadas y trátalas con un fungicida orgánico. Para más información, ver Enfermedades (pp. 28-29).*

¿NO DA FLORES?

Puede que la planta no tenga suficiente luz o nutrientes.

♥ **SÁLVALA** *Trasládala a un lugar más luminoso y/o dale un abono equilibrado en primavera y verano.*

¿LAS HOJAS SE VUELVEN AMARILLAS O ROSÁCEAS?

Esto significa que la planta tiene demasiada luz.

♥ **SÁLVALA** *Intenta trasladarla a un lugar un poco más sombrío, pero sin que le dé el sol directamente.*

¿MANCHAS EN LAS HOJAS?

Parece la enfermedad de la mancha foliar, causada por una bacteria u hongo.

💗 **SÁLVALA** *Retira las hojas afectadas y trátalas con un fungicida orgánico (ver Enfermedades, pp. 28-29). Evita salpicar las hojas al regar para impedir la propagación de la enfermedad.*

Aeschynanthus pulcher

Altura: hasta 20 cm

Diámetro: hasta 70 cm

CUIDADOS SIMILARES

CACTUS ESPINA DE PEZ
Disocactus anguliger

Cactus tropical de inusuales tallos ondulados que recuerdan las espinas de un pez. Da unas bonitas flores blancas que duran 1 o 2 días. Plántalo en sustrato para cactus con más tierra y mantenlo a una temperatura de 11-14 °C en invierno para favorecer así la floración.

OREJA DE ELEFANTE
Alocasia x *amazonica*

Le gustan mucho el calor y la humedad. Tiene unas grandes hojas de color verde oscuro con nervaduras.

CÓMO NO MATARLA

✓ EMPLAZAMIENTO
Mantenla a entre 15 y 21 °C todo el año. Evita colocarla cerca de un radiador, aparato de aire acondicionado o donde haya corrientes de aire frío.

LUZ
En verano, mantenla lejos de la luz directa del sol. Es ideal la luz indirecta. En invierno, ponla en un lugar más luminoso.

RIEGO + ABONO
Mantén el sustrato húmedo (no empapado) regándolo un poco cada varios días con agua templada destilada, filtrada o de lluvia. Abónala una vez al mes en primavera y verano. Riégala con menos frecuencia en invierno.

CUIDADOS
A las alocasias les encanta la humedad, así que colócala en una bandeja con agua y guijarros y vaporiza las hojas con regularidad. Asegúrate de que la maceta drene bien. Trasplántala en primavera si las raíces sobresalen mucho de la maceta.

¿MANCHAS MARRONES?

Son quemaduras del sol.

💗 **SÁLVALA** *Ponla en un lugar más sombrío, lejos de la luz directa del sol.*

Manchas marrones

¿LA PLANTA SE SECA?

Si es invierno, es probable que entre en hibernación, sobre todo si la temperatura baja de los 15 °C. Si no, es que la planta no está contenta.

💗 **SÁLVALA** *Si está hibernando, la planta volverá a brotar en primavera; sigue cuidándola como siempre. Si no, comprueba la colocación, la luz y la pauta de riego (ver izquierda).*

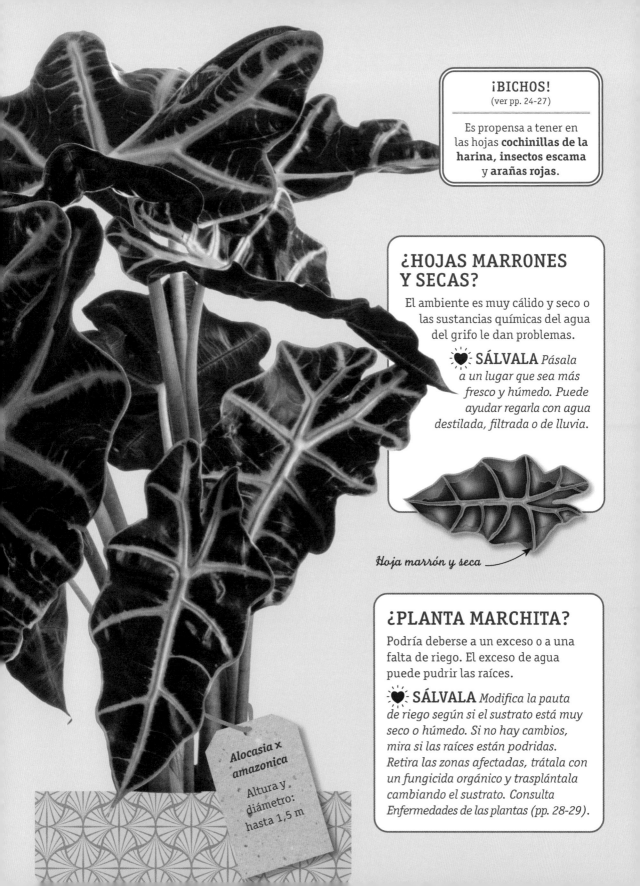

¡BICHOS!
(ver pp. 24-27)

Es propensa a tener en las hojas **cochinillas de la harina, insectos escama y arañas rojas.**

¿HOJAS MARRONES Y SECAS?

El ambiente es muy cálido y seco o las sustancias químicas del agua del grifo le dan problemas.

❤ **SÁLVALA** *Pásala a un lugar que sea más fresco y húmedo. Puede ayudar regarla con agua destilada, filtrada o de lluvia.*

Hoja marrón y seca

¿PLANTA MARCHITA?

Podría deberse a un exceso o a una falta de riego. El exceso de agua puede pudrir las raíces.

❤ **SÁLVALA** *Modifica la pauta de riego según si el sustrato está muy seco o húmedo. Si no hay cambios, mira si las raíces están podridas. Retira las zonas afectadas, trátala con un fungicida orgánico y trasplántala cambiando el sustrato. Consulta Enfermedades de las plantas (pp. 28-29).*

Alocasia x amazonica

Altura y diámetro: hasta 1,5 m

ALOE VERA
Aloe vera

Esta suculenta, fácil de cultivar, tiene unas hojas carnosas cuya savia alivia afecciones cutáneas.

....

¡BICHOS!
(ver pp. 24-27)

El aloe es propenso a los **insectos escama**.

CÓMO NO MATARLO

EMPLAZAMIENTO
Coloca el aloe en una estancia que esté entre 15 y 24 °C. Los aloes contentos y maduros producen flores amarillas.

LUZ
Colócalo en un lugar luminoso (como junto a una ventana orientada al sur). Resiste la luz directa del sol, pero hay que aclimatarlo.

RIEGO + ABONO
En primavera y verano, riégalo cuando los 2-3 cm superiores del sustrato estén secos; más o menos una vez por semana. En invierno riégalo muy poco. Abónalo una vez en primavera y otra en verano.

CUIDADOS
Al aloe le gusta el sustrato bien drenado, por lo que conviene añadirle gravilla o perlita, o usar sustrato para cactus. Con una capa de gravilla en la parte superior, el cuello estará seco y evitarás que se pudra. Trasplántalo solo si sobresale de la maceta. El aloe produce hijuelos que pueden dejarse en la planta o cortarse por la base junto con las raíces y plantarse aparte.

¿HOJAS HUNDIDAS Y ARRUGADAS?

Necesita agua o las raíces se pudren por un riego excesivo.

💜 **SÁLVALO** *Riega un poco y vaporízalo. Repite los dos días siguientes. Las hojas deberían recuperar su textura. Evita que el sustrato esté muy húmedo.*

¿LAS HOJAS SE VUELVEN MARRONÁCEAS O ROJIZAS?

En verano, es posible que el aloe reciba demasiado sol al mediodía, o quizá sufra de exceso de agua. Tal vez las raíces estén dañadas.

💜 **SÁLVALO** *Trasládalo a un lugar luminoso con menos luz directa del sol. Riégalo menos. Si no se recupera, examina las raíces.*

Hoja marrón rojiza

¿HOJAS PÁLIDAS O AMARILLENTAS?

Si todo el aloe está amarillento o pálido es que lo has regado demasiado o bien que no recibe suficiente luz.

☀️❤️ SÁLVALO *Asegúrate de que riegas bien el aloe (ver izquierda). Ponlo en un lugar más luminoso.*

Aloe vera

Altura y diámetro: hasta 1 m

¿PUNTOS NEGROS? ¿HOJAS MARRONES O MOHOSAS?

Lo más probable es que se deba a un exceso de riego.

☀️❤️ SÁLVALO *No lo riegues hasta que el sustrato esté seco. Asegúrate de que la maceta tenga agujeros de drenaje. Evita salpicarlo con agua, puesto que se acumulará en la base y lo pudrirá.*

Puntos negros

CUIDADOS SIMILARES

AGAVE
Agave

Esta otra suculenta es ideal para un alféizar luminoso y necesita los mismos cuidados que el aloe. Algunas variedades presentan unas espinas muy afiladas.

HAWORTHIA
Haworthia

Otra suculenta espinosa con las mismas necesidades. Si le da el sol directo, es posible que las hojas se enrojezcan.

LIRIO FLAMINGO
Anthurium

También llamado anturio, es fácil de cuidar y presenta exóticas flores onduladas de colores brillantes (espatas) que duran semanas.

CÓMO NO MATARLO

EMPLAZAMIENTO
El lirio flamingo es una planta tropical, por lo que necesita calor y humedad. Colócalo en una estancia cálida (15-20 °C) sin corrientes de aire.

LUZ
Ponlo en un lugar luminoso pero sin que le dé el sol directo, por ejemplo, a un metro de una ventana soleada.

RIEGO + ABONO
De primavera a otoño, riégalo con moderación si la superficie del sustrato está seca. El sustrato debe quedar húmedo pero no empapado. Riega menos en invierno. Abónalo una vez al mes en primavera y verano.

CUIDADOS
Vaporiza las hojas con regularidad (no las flores) o colócalo en una bandeja con agua y guijarros. Limpia las hojas a menudo con una esponja húmeda y arranca las flores mustias con suavidad. Trasplántalo en primavera a una maceta algo más grande.

¡BICHOS!
(ver pp. 24-27)

Hojas propensas al ataque de la **araña roja** y la **cochinilla de la harina**.

Punta de las hojas marrones

¿PUNTAS DE LAS HOJAS MARRONES?

El ambiente de la habitación es demasiado cálido y seco, el lirio se riega demasiado o demasiado poco, o está en un lugar con corrientes de aire.

SÁLVALO *Aparta el lirio de un radiador si es necesario y comprueba el régimen de riego.*

Anthurium andraeanum

Altura y diámetro: hasta 50 cm

¿MUCHAS HOJAS PERO NINGUNA FLOR?

Es posible que la maceta sea demasiado grande, el lirio no reciba luz suficiente o le falte abono.

SÁLVALO *Colócalo en un lugar más luminoso. Trasplántalo a una maceta más pequeña si hay más de 1 o 2 cm entre el borde de la maceta y el cepellón. Abónalo una vez al mes para propiciar la floración (ver izquierda).*

¿HOJAS AMARILLENTAS?

Una hoja amarilla ocasional es normal. Si es general, puede ser por riego excesivo o insuficiente, falta de abono, corrientes de aire frío o que las raíces estén colapsadas.

SÁLVALO *Ajusta el régimen de abono y riego, evitando que se empape, cámbialo de sitio o trasplántalo.*

HELECHO COLA DE ZORRO
Asparagus densiflorus 'Myersii'

Aunque parezca delicado, el «helecho» cola de zorro es una planta fácil de cuidar que tolera un poco la sequía y el aire seco, a diferencia de los auténticos helechos.

CÓMO NO MATARLO

EMPLAZAMIENTO
Mantén el helecho en una habitación a una temperatura de entre 13 y 24 °C, y alejado de corrientes de aire para que conserve su mejor aspecto.

LUZ
Colócalo en la sombra, evitando el sol directo.

RIEGO + ABONO
Mantén el sustrato húmedo entre primavera y verano, pero deja que la capa superior se seque entre riegos en invierno. Entre primavera y otoño, riega una vez al mes con abono de intensidad media.

CUIDADOS
Corta las frondas marrones de la base. Trasplántalo a una maceta más grande.

¡BICHOS!
(ver pp. 24-27)

Comprueba si hay **araña roja**, **cochinillas** e **insecto escama** entre las frondas.

Asparagus densiflorus 'Myersii'
Altura y diámetro: hasta 60 cm

¿BORDES DE LAS HOJAS MARRONES?

O bien el helecho está expuesto a la luz directa del sol o el sustrato se seca en los meses más cálidos.

💓 **SÁLVALO** *Trasládalo a un lugar más sombrío y asegúrate de mantener el sustrato húmedo en primavera y verano.*

Hoja manchada

¿BASE MARRÓN O BLANDA?

Las partes blandas se pudren. Es un signo de podredumbre de la corona o del tallo.

💓 **SÁLVALO** *Retira cualquier parte podrida y riega con cuidado por los lados para que el agua no se acumule en la corona. Asegúrate de que la maceta drene bien.*

¿LAS HOJAS AMARILLEAN?

En un helecho sano, las hojas más viejas amarillean y pueden cortarse. Si son muchas, comprueba si está a pleno sol o si la temperatura es demasiado alta. También puede ser un síntoma de podredumbre de la raíz.

💓 **SÁLVALO** *Aléjalo de fuentes de calor y de la luz solar directa. Comprueba que la maceta drena bien y que las raíces están sanas.*

Amarilleo generalizado

CUIDADOS SIMILARES

HELECHO PLUMOSO
Asparagus setaceus

Necesita cuidados similares, pero a esta planta le gusta más la humedad y tolera menos la luz.

ESPÁRRAGO HELECHO
Asparagus densiflorus
Sprengeri Group

Es de la misma especie que la cola de zorro, pero tiene un follaje más plumoso. Necesita temperaturas más frías, de unos 7-21 °C.

BEGONIA DE LUNARES
Begonia maculata

Una espectacular planta brasileña con grandes hojas con lunares blancos y flores de color crema en verano. Apuntala los tallos para que se mantengan erguidos.

CÓMO NO MATARLA

EMPLAZAMIENTO
Lo ideal es mantener la planta a unos 18-21 °C durante todo el año, pero sin que haga más calor. Puede sobrevivir a 13 °C en invierno, pero no más frío.

LUZ
Necesita buena luz indirecta. Evita el sol directo, que puede quemar las hojas.

RIEGO + ABONO
Riega para que el compost esté húmedo, pero deja que se seque un poco entre riegos durante el verano. Es mejor regarla desde abajo para evitar que el agua se acumule en la base de los tallos (ver Riego, pp. 18-19). Mantenlo apenas húmedo en invierno. Aplica abono rico en nitrógeno cada 2 semanas de primavera a otoño.

CUIDADOS
Recorta los tallos débiles y trasplanta si es necesario en primavera. Gira la maceta con regularidad para que crezca de forma uniforme. Asegúrate de que tiene buena ventilación.

Begonia maculata

Altura: hasta 90 cm

Diámetro: hasta 45 cm

¡BICHOS! (ver pp. 24-27)	Propensa al **pulgón**, la **araña roja**, la **mosca blanca** y el **trip**.

¿LAS HOJAS AMARILLEAN?

Puede ser exceso o falta de agua, o falta de luz.

 **SÁLVALA**
Comprueba el régimen de cuidados y la posición de la planta (ver izquierda).

¿PELUSILLA GRIS EN PARTES DE LA PLANTA?

Moho gris (botritis), a causa de frío, humedad, aglomeración o salpicadura de agua en las hojas.

 **SÁLVALA** *Aleja la planta de otras begonias para evitar que la infección se propague y mejora la ventilación. Elimina las zonas afectadas y trata con un fungicida orgánico (ver Enfermedades, pp. 28-29).*

¿POLVO BLANCO EN LAS HOJAS?

Se trata del oídio, a menudo debido a falta de agua o a mala ventilación.

 **SÁLVALA** *Elimina las hojas afectadas y trata con fungicida orgánico. Para más información, ver Enfermedades, pp. 28-29.*

¿PIERDE HOJAS?

Puede que tenga demasiado riego o un exceso de calor. Si se espiga, es que no tiene suficiente luz.

 **SÁLVALA** *Trasládala a un lugar más luminoso, alejado de la luz solar directa. Comprueba la temperatura y su régimen de riego (ver izquierda).*

CUIDADOS SIMILARES

BEGONIA DE FLOR
Begonia Eliator Group
Tienen flores pequeñas y bonitas de varios colores. Elimina las cabezuelas secas para prolongar la floración.

BEGONIA DE HOJA PINTADA
Begonia rex
Hay muchas variedades de begonia de hoja pintada con un hermoso follaje en tonos carmesí, plata, púrpura, verde y rojo. Al sol no directo obtendrás los mejores colores.

LAS 5 MEJORES PLANTAS PARA
EL ESCRITORIO

Añadir un toque verde al espacio de trabajo mejora la productividad y reduce el estrés. Los estudios muestran que hay plantas que eliminan toxinas del ambiente. Las plantas idóneas para el escritorio son compactas y no requieren mucha luz.

Bambú de la suerte

Dracaena sanderiana

No es seguro que vayas a conseguir un ascenso o un aumento de sueldo, pero alegrará tu jornada. Cultívala en sustrato o en agua destilada, filtrada o de lluvia.

Ver Bambú de la suerte, pp. 70-71.

Bromelia tricolor

Neoregelia carolinae f. tricolor

Esta hermosa planta se cultiva por su follaje, que adopta un tono rosáceo antes de florecer. Hay que mantener el centro de la planta lleno hasta arriba de agua embotellada.

Ver Bromelia tricolor, p. 49.

Lanza africana
Sansevieria cylindrica

Esta planta de hojas curiosas, cilíndricas, pertenece a la misma familia que la lengua de tigre. Precisa de poco mantenimiento y poca agua, por lo que tolerará cierto nivel de abandono si te ausentas.

Ver Lanza africana, p. 117.

Peperomia sandía
Peperomia argyreia

Belleza tropical fácil de cuidar, esta especie de peperomia tiene hojas con dibujos verde oscuro que se asemejan a la piel de la sandía.

Ver Peperomia sandía pp. 100-101.

Drácena de hoja fina
Dracaena marginata

Esta planta, poco exigente, purifica el aire y resiste un riego poco regular. Puede alcanzar una altura considerable pero ocupa poco sitio porque tiene el tronco muy fino. Tenla a la sombra.

Ver Drácena de hoja fina, p. 67.

LÁGRIMAS DE REINA
Billbergia nutans

Es una de las bromelias más fáciles de cultivar. Las lágrimas de reina lucen muy bien en un macetero colgante.

¡BICHOS!
(ver pp. 24-27)

Le atacan las hojas la **cochinilla de la harina** y el **insecto escama**.

CÓMO NO MATARLA

EMPLAZAMIENTO
La temperatura idónea para ella es estar entre 5 y 24 °C, pero solo florece en el rango superior de esa temperatura.

LUZ
Le gusta mucho la luz, indirecta.

RIEGO + ABONO
Mantén siempre el centro de la roseta de hojas con 2-3 cm de agua destilada, filtrada o de lluvia. Vacíalo y rellénalo cada 2-3 semanas para que el agua no se estanque. Mantén el sustrato ligeramente húmedo. Abona la planta una vez al mes en primavera y verano, añadiendo abono líquido de potencia media en ese espacio central.

CUIDADOS
Coloca la planta en una bandeja con guijarros llena de agua para mantener la humedad. Florecerá cuando tenga unos 3 años. Arranca con cuidado las flores secas. Trasplántala en primavera después de que florezca. Producirá hijuelos (plantas nuevas en la base) que irán secándose. Plántalos en otra maceta cuando alcancen un tercio del tamaño de la planta madre.

¿PUNTAS DE LAS HOJAS AMARILLAS?

Seguramente se le habrá quedado pequeña la maceta.

SÁLVALA *Trasplántala en primavera, después de la floración.*

¿PUNTAS MARRONES?

Aire seco o agua dura.

💚 **SÁLVALA** *Si hace calor, vaporiza las hojas con agua destilada, filtrada o de lluvia, no del grifo.*

¿FLORES QUE GOTEAN?

Es el néctar, que gotea de las flores cuando se mueven o se tocan. De ahí viene el nombre común de la *Billbergia*, «lágrimas de reina».

💚 **SÁLVALA**
¡No hagas nada!

Billbergia nutans

Altura y diámetro: hasta 50 cm

¿NO FLORECE?

No florecerá hasta que tenga unos 3 años. Si tu planta ya está madura, quizá la temperatura sea demasiado baja o tal vez esté en un lugar demasiado oscuro.

💚 **SÁLVALA** *Colócala en un lugar más cálido y luminoso sin sol directo.*

CUIDADOS SIMILARES

CLAVEL DEL AIRE
Tillandsia cyanea
Esta bromeliácea precisa de cuidados similares a los de las lágrimas de reina pero prefiere temperaturas más elevadas (14-25 °C).

BROMELIA TRICOLOR
Neoregelia carolinae
f. tricolor
Necesita los mismos cuidados que el clavel del aire. La parte central se vuelve rojiza antes de florecer.

CALATEA
Calathea

La mayoría de las calateas se cultivan por sus hermosas hojas estampadas. Las hojas de Calathea suelen tener el envés rojo burdeos.

....

CÓMO NO MATARLA

 EMPLAZAMIENTO
Como planta selvática, debe estar en una estancia cálida (16-20 °C), pero apartada de una fuente de calor. Evita lugares con grandes cambios de temperatura.

 LUZ
Colócala parcialmente a la sombra o en un lugar luminoso sin sol directo.

RIEGO + ABONO
De primavera a otoño, mantén el sustrato húmedo (no empapado) con agua destilada, filtrada o de lluvia (esta planta es sensible a las sustancias químicas del agua del grifo). La maceta debe drenar bien. En invierno, riégala menos. Abónala una vez en primavera, verano y otoño.

CUIDADOS
Para mantener la humedad, mantén la planta apartada de cualquier fuente de calor. Si está entre otras plantas, aumentará la humedad. Limpia las hojas de polvo y trasplántala en primavera.

> **¡BICHOS!**
> (ver pp. 24-27)
> Propensa a ataques de la **araña roja** en el follaje.

Calathea roseopicta

Altura: hasta 24 cm

Diámetro: hasta 15 cm

¿HOJAS LACIAS?

Podría deberse a un exceso o bien a una falta de riego.

❤ SÁLVALA
El sustrato debería estar húmedo pero no empapado. En invierno, riégala muy poco. Prueba a colocarla en un lugar más cálido y recogido.

¿LAS HOJAS SE CURVAN EN LOS BORDES?

Probablemente no la riegas lo suficiente.

❤ SÁLVALA
Comprueba el régimen de riego (ver izquierda).

CUIDADOS SIMILARES

PLANTA DE LA ORACIÓN
Maranta

Esta planta tiene las mismas necesidades que la calatea. Las hojas se pliegan por la noche como unas manos al rezar.

Borde marrón

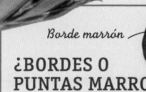

¿BORDES O PUNTAS MARRONES?

Probablemente el aire sea demasiado seco, la hayas abonado en exceso o el agua de riego sea demasiado dura.

❤ SÁLVALA *Aparta la planta de un radiador o una fuente de calor. Agrúpala con otras plantas para aumentar la humedad. Pasa a regarla con agua de lluvia, destilada o filtrada.*

ESTROMANTE
Stromanthe

Al estromante le gusta más la humedad que a la calatea. Mantenlo a 18 °C como mínimo y no lo riegues con agua fría ni dura.

¿HOJAS DESCOLORIDAS O QUEMADAS?

A la planta le habrá dado el sol directo.

❤ SÁLVALA *Ponla en un sitio más umbrío.*

Hoja descolorida

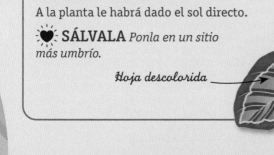

CINTA RIZADA
Chlorophytum comosum 'Bonnie'

Tan fácil de cuidar como su variedad más común, la cinta rizada tiene hojas rayadas que se retuercen y se enroscan, dándole una forma compacta.

CÓMO NO MATARLA

 **EMPLAZAMIENTO**
Mantén esta planta a una temperatura de 7-24 °C.

LUZ
Colócala en una habitación bien iluminada, pero apartada del sol directo.

RIEGO + ABONO
En verano, el sustrato debe estar húmedo (no mojado). En invierno, menos. Abona mensualmente de primavera a verano.

CUIDADOS
Trasplanta si las raíces se apelotonan. Las plántulas que crecen en tallos largos pueden cortarse y cultivarse como nuevas plantas. Colócalas en sustrato si tienen raíces y en agua si no las tienen, hasta que aparezcan raíces.

 ¡BICHOS!
(ver pp. 24-27) | Comprueba si hay **araña roja** o **insectos escama** debajo de las hojas.

¿HOJAS PÁLIDAS?
La luz solar intensa, la falta de luz o de riego y las bajas temperaturas pueden hacer palidecer las hojas.

SÁLVALA *Riégala con atención, apártala del sol directo y controla las temperaturas. Asegúrate de que recibe suficiente luz en invierno.*

¿HOJAS MANCHADAS DE MARRÓN EN INVIERNO?
Esto ocurre si la planta se riega demasiado en invierno.

SÁLVALA *Puedes retirar las hojas marrones de la base. Riega menos en invierno para que el sustrato esté solo húmedo.*

¿CRECE POCO O NADA?
Puede ser por falta de luz, riego o abono, o porque las raíces se han apelmazado.

SÁLVALA *Asegúrate de que tiene suficiente luz, agua y abono en primavera y verano. Trasplanta si las raíces se apelmazan.*

¿PUNTAS DE LAS HOJAS MARRONES?

El aire caliente y seco puede ser la causa, así como la falta de riego o de abono.

☀️ **SÁLVALA** *Retira las partes marrones, aléjala de fuentes de calor o llévala a un lugar con mayor humedad. Abónala y riégala con regularidad de primavera a verano.*

Chlorophytum comosum 'Bonnie'

Altura: hasta 20 cm

Diámetro: hasta 30 cm

CUIDADOS SIMILARES

POTUS
Epipremnum

Con necesidades similares a las de la cinta rizada, trepará por un poste o soporte desde una maceta.

PARRA VIRGEN
Cissus rhombifolia

Fácil de cuidar. Con sus hojas lobuladas brillantes de color verde oscuro, se arrastrará desde una cesta colgante o por un enrejado para cubrir una pared.

CLIVIA
Clivia miniata

Las clivias son originarias de Sudáfrica y producen una hermosa y única flor roja, naranja o amarilla a inicios de primavera.

CÓMO NO MATARLA

EMPLAZAMIENTO
Entre primavera y finales de otoño, tenla en una habitación con calefacción. En invierno, déjala reposar 3 meses en una habitación a unos 10 °C, lo que ayudará al crecimiento de un brote floral. Luego devuélvela a su lugar del resto del año.

LUZ
Quiere mucha luz, pero indirecta.

RIEGO + ABONO
De primavera a finales de otoño, mantén el sustrato húmedo. Reduce la frecuencia de riego en invierno para que el sustrato esté casi seco. Abónala una vez al mes de primavera a otoño y nunca en invierno.

CUIDADOS
Limpia las hojas de vez en cuando. No traslades la maceta cuando la planta esté floreciendo o le haya salido el capullo. Tras la floración, corta el tallo de la flor muerta por la base. A finales de verano podría brotar otra. A las clivias les gusta estar prietas, así que no la trasplantes a no ser que las raíces sobresalgan de la maceta y ya haya florecido.

¿MANCHAS MARRONES O BLANQUECINAS?

El sol la ha quemado.

❤ SÁLVALA
Aparta la planta de la luz directa del sol.

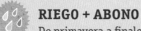

Manchas blanquecinas en las hojas

¡BICHOS!
(ver pp. 24-27)

Es propensa al ataque de las **cochinillas de la harina** y de la **araña roja**.

¿HOJAS MARRONES EN LA BASE DE LA PLANTA?

Es lo que ocurre cuando las hojas viejas se marchitan.

❤ SÁLVALA *Es normal, simplemente arranca las hojas marrones con cuidado.*

¿HOJAS AMARILLAS?

Puede deberse a una falta de abono
o a una escasez o exceso de riego.

☀ **SÁLVALA** *Asegúrate de seguir
las pautas de riego y abonado correctos
para la estación (ver izquierda).*

Hojas
amarillas

¿TALLO DE LA FLOR CORTO?
¿NO BROTA FLOR EN PRIMAVERA?

La planta no ha reposado en invierno o la maceta
es demasiado grande. Si no, es que no se ha regado
lo suficiente después del reposo.

☀ **SÁLVALA** *Si ha reposado, asegúrate de
mantener el sustrato húmedo. Comprueba que la
maceta no sea demasiado grande; el cepellón tendría
que estar a solo 2 o 3 cm del borde del tiesto.*

Clivia miniata

Altura:
hasta 45 cm

Diámetro:
hasta 30 cm

ÁRBOL DE JADE
Crassula ovata

Esta suculenta precisa de pocos cuidados y es duradera. Es como un árbol pequeño y se dice que trae buena suerte. En invierno puede florecer.

CÓMO NO MATARLO

EMPLAZAMIENTO
Colócalo en un alféizar luminoso que esté a entre 18 y 24 °C. Tolera periodos de 10 °C en invierno.

LUZ
Dale mucha luz, pero tamizada.

RIEGO + ABONO
Riégalo con moderación; deja secar los 2-3 cm superiores de sustrato entre riego y riego. En invierno, riégalo muy de vez en cuando. Abónalo una vez en primavera y otra en verano.

CUIDADOS
Arranca las hojas viejas y marchitas. En primavera, pódalo un poco para darle forma. Plántalo en una maceta que pese porque, de otro modo, puede hacerla volcar.

¡BICHOS!
(ver pp. 24-27)

Tallos y hojas propensos a la **cochinilla de la harina**.

¿DESCOLORIDO?

Las hojas púrpuras o rojas indican falta de agua o demasiado sol; las amarillas, un riego excesivo.

❤ SÁLVALO
Comprueba su ubicación y el régimen de riego.

¿LAS HOJAS SE CAEN?

Las hojas viejas se marchitan y caen de forma natural, pero las hojas jóvenes se caen si están en una situación de estrés (traslado brusco a un lugar con mucha luz o exceso o falta de riego).

❤ SÁLVALO *Riégalo si el sustrato está muy seco o deja que se seque si está empapado. Si quieres cambiar la planta de sitio, hazlo paulatinamente a lo largo de una semana para que pueda aclimatarse.*

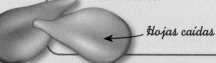

Hojas caídas

¿HOJAS Y TALLOS ARRUGADOS?

Al árbol de jade le falta agua.

💧 **SÁLVALO** *Si lo riegas un poco cada día a lo largo de varios días, las hojas se recuperarán enseguida. No dejes que el sustrato quede anegado.*

Hoja arrugada

CUIDADOS SIMILARES

PLANTA ROSARIO
Senecio rowleyanus
Esta vistosa planta colgante tiene unas necesidades parecidas a las del árbol de jade.

Crassula ovata

Altura y diámetro: hasta 1 m

¿SE HA ESPIGADO?

Necesita más luz.

💧 **SÁLVALO**
Trasládalo a un lugar más soleado.

RISTRA DE CORAZONES
Ceropegia woodii
De hojas carnosas y cuidados similares, es idónea para un macetero colgante.

NUNCA JAMÁS
Ctenanthe burle-marxii

También se la conoce como la planta de la oración de espina de pez por el patrón de colores de sus hojas y porque se enrosca de noche como unas manos que rezan.

CÓMO NO MATARLA

EMPLAZAMIENTO
Originaria de la selva tropical, debe estar en una habitación cálida (16-20 °C), lejos de una fuente de calor. Evita las habitaciones con cambios bruscos de temperatura.

LUZ
Necesita buena luz y algo de sombra; nunca sol directo.

RIEGO + ABONO
Mantén el sustrato húmedo, pero no mojado, entre primavera y otoño. Deja que la capa superior de sustrato se seque entre riegos en invierno y asegúrate de que la maceta drena bien. Utiliza agua destilada, filtrada o de lluvia. Abona cada mes de primavera a otoño con un fertilizante equilibrado.

CUIDADOS
Limpia las hojas con un paño húmedo para eliminar el polvo. Trasplanta cada 2 o 3 años o cuando las raíces se apelmacen. Mantenla alejada de las fuentes de calor.

¡BICHOS!
(ver pp. 24-27)

La ataca la **araña roja** y la **cochinilla de la harina**.

¿HOJAS ENROLLADAS?
La planta necesita más agua o se está recalentando.

☀ **SÁLVALA** *Riega más; asegúrate de que la maceta drena bien y la tierra no está húmeda. Aléjala de una fuente de calor.*

¿PUNTAS O BORDES MARRONES?

Puede que riegues con agua dura, abones demasiado o que el ambiente sea demasiado cálido y seco.

☀ **SÁLVALA** *Aléjala de radiadores u otras fuentes de calor. Utiliza agua destilada, filtrada o de lluvia.*

CUIDADOS SIMILARES

CROTÓN
Codiaeum variegatum
Un crotón requiere cuidados similares al nunca jamás, pero le gusta la humedad. También necesita protegerse de las fluctuaciones de temperatura.

Ctenanthe burle-marxii

Altura:
hasta 60 cm

Diámetro:
hasta 45 cm

¿HOJAS MARCHITAS O QUEMADAS?

La planta ha estado expuesta a la luz solar directa.

☀ **SÁLVALA** *Pásala a un lugar más umbrío.*

VIOLETA DE PERSIA
Cyclamen persicum

Una planta de interior encantadora que de otoño a primavera nos regala unas flores brillantes.

CÓMO NO MATARLA

EMPLAZAMIENTO
La violeta de Persia se mantiene florida varios meses en una estancia fresca, si se compra con los capullos en otoño (cuando empieza la floración). No le gustan las temperaturas elevadas pero tampoco congelarse. Mantenla a entre 10 y 15 °C.

LUZ
Colócala lejos del sol directo; lo idóneo sería un alféizar orientado al norte.

RIEGO + ABONO
Mantén el sustrato apenas mojado. Riega la planta desde abajo dejándola en un plato con agua unos 30 minutos (ver Riego, pp. 18-19). Así se evita que se humedezcan hojas y tallos.

CUIDADOS
Retira las hojas secas o marchitas dándoles un tirón seco o cortándolas. La mayoría de las plantas se desechan después de florecer, pero pueden mantenerse con vida año tras año (ver ¿Sin flores?).

Hoja amarillenta

¿FOLLAJE AMARILLO?

La planta pasa demasiado calor, se ha regado en exceso, le falta agua o ha estado expuesta al sol directo. Si es primavera, quizá sea un proceso natural.

☀ **SÁLVALA** *Retira las hojas amarillas. Apártala del sol directo y mantenla a 15 °C, con el sustrato ligeramente húmedo. Riégala desde abajo (ver Riego, pp. 18-19).*

¿POCAS FLORES?

La planta florece mejor con temperaturas bajas, y el calor hace que entre en estado durmiente antes de tiempo. Al acercarse el final de la temporada, la planta dejará de florecer.

♥ **SÁLVALA** *Comprueba que la planta no esté en un lugar caluroso y asegúrate de que recibe los cuidados adecuados (ver izquierda). Compra tus violetas de Persia en otoño y elige la planta con más capullos; así te dará flores más tiempo, porque los capullos se irán abriendo a medida que las flores viejas se marchiten.*

CUIDADOS SIMILARES

AZALEA
Rhododendron simsii
Hay que cuidar de ella igual que de la violeta de Persia, manteniendo el sustrato húmedo con agua blanda o de lluvia, pues no le gusta la cal. Para florecer bien, necesita un lugar fresco.

¿PLANTA MUSTIA?

Es probable que haya recibido demasiada agua o demasiado poca, y quizá la corona se haya podrido.

♥ **SÁLVALA** *Comprueba que no se haya podrido la base de los tallos; retira las zonas afectadas. Para más información, consulta Enfermedades (pp. 28-29). Si la corona está podrida, es probable que la planta muera.*

Corona podrida

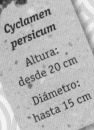

Cyclamen persicum
Altura: desde 20 cm
Diámetro: hasta 15 cm

¿SIN FLORES?

En verano, la violeta de Persia se seca y pasa a estar durmiente.

♥ **SÁLVALA** *En primavera, cuando deje de florecer y las hojas se vuelvan amarillas y se marchiten, deja de regarla. En verano, pon la planta en el exterior, en un lugar umbrío y seco, y mantén el sustrato ligeramente húmedo. Si vives en una zona húmeda, coloca la maceta de lado para que el agua de lluvia se escurra. En otoño, devuélvela al interior y, cuando veas que vuelve a crecer, empieza a regarla de nuevo.*

DIEFFENBACHIA
Dieffenbachia seguine

Sus exuberantes hojas verdes y crema alegrarán un rincón sombrío, pero ten cuidado, pues la savia de sus hojas contiene oxalato cálcico que puede causar irritación e hinchazón.

....

CÓMO NO MATARLA

EMPLAZAMIENTO
Mantenla en una estancia cálida, a entre 16 y 24 °C. No le gustan las corrientes de aire frío ni el aire seco.

LUZ
Colócala en semisombra en verano. En invierno, pásala a un lugar más luminoso.

RIEGO + ABONO
De primavera a otoño, riégala cuando los 2-3 cm superiores del sustrato estén secos. Riégala muy de vez en cuando en invierno. Abónala una vez al mes.

CUIDADOS
Para proporcionarle humedad, pulveriza las hojas con regularidad y colócala en una bandeja con guijarros llena de agua. Limpia las hojas una vez al mes. Trasplántala en primavera.

¡BICHOS!
(ver pp. 24-27)

Propensa al ataque de la **cochinilla de la harina** en el follaje.

¿AMARILLEAN LAS HOJAS INFERIORES?
Casi seguro que sufre frío o corrientes de aire.

SÁLVALA *Trasládala a una estancia más cálida, sin corrientes de aire.*

¿HOJAS PÁLIDAS?
Si hay demasiada luz o sol directo, las hojas parecerán descoloridas y deslavazadas.

SÁLVALA *Traslada la planta a un lugar más umbrío.*

¿LAS HOJAS SE CAEN?

La estancia quizá esté demasiado fría o haya demasiada corriente.

❤ **SÁLVALA** *Traslada la planta a un lugar más cálido y asegúrate de que no haya corrientes de aire.*

¿BORDES DE LAS HOJAS MARRONES?

Quizá el sustrato esté demasiado seco, o tal vez la causa sea el aire seco o frío. También puede que hayas abonado demasiado la planta.

❤ **SÁLVALA** *Riégala hasta que el sustrato esté húmedo, pero no empapado, y deja secar solo los 2-3 cm superiores entre riego y riego. Lleva la planta a un lugar más cálido y húmedo, y comprueba que estás siguiendo la pauta de abono correcta (ver izquierda).*

Dieffenbachia seguine

Altura y diámetro: hasta 60 cm

CUIDADOS SIMILARES

CABEZA DE FLECHA
Syngonium podophyllum
Cuídala como cuidarías una dieffenbachia. Crecerá y lucirá mucho en un macetero colgante.

PLANTA MARIPOSA
Oxalis triangularis
Esta bonita planta tiene unas necesidades similares. Muere en invierno.

VENUS ATRAPAMOSCAS
Dionaea muscipula

Esta fascinante planta carnívora posee unas trampas que se cierran de golpe cuando un insecto se posa en ellas. Acto seguido, la planta digiere al insecto lentamente.

CÓMO NO MATARLA

EMPLAZAMIENTO
Coloca la planta en un alféizar orientado al sur de una estancia con calor moderado (7-21 °C). En invierno, tenla en una habitación sin calefacción.

LUZ
Ofrécele mucha luz, directa en parte.

RIEGO + ABONO
En su época de crecimiento, mantén el sustrato húmedo (ponla en un plato con agua), y humedécela apenas en la época de reposo. Usa agua destilada, filtrada o de lluvia. No la abones, ya que la planta obtiene sus nutrientes de los insectos que atrapa. Si no hay insectos en el interior, en verano déjala varios días seguidos en el exterior para que los aprese.

CUIDADOS

Plántala en una mezcla de sustrato especializado muy bajo en nutrientes. Corta las trampas muertas con unas tijeras. La planta puede florecer en verano, pero es preferible cortar las flores para que no se debilite. Trasplántala si es necesario a comienzos de primavera.

Lóbulos verdes y caídos

¿LÓBULOS VERDES Y CAÍDOS?

Es señal de que la planta no está contenta con la pauta de riego o la humedad. Podría morir rápido si no se remedia enseguida.

💙 **SÁLVALA** *Aumenta la humedad pulverizando las hojas. Revisa la pauta de riego (ver izquierda).*

¿TRAMPAS NEGRUZCAS?

Las trampas suelen morir en otoño e invierno, cuando la planta hiberna.

💙 **SÁLVALA** *Es normal. Cuando la planta se reactive, después del invierno, producirá trampas nuevas.*

¿TRAMPAS DE COLORES FEOS?

Puede suceder si la planta pasa de un lugar sombrío a otro muy soleado de forma brusca.

❤️ **SÁLVALA** *Aclimata la planta a un lugar más luminoso poco a poco a lo largo de una semana.*

Hojas quemadas

¿LA TRAMPA NO SE CIERRA?

Es probable que se deba a que unos dedos curiosos toquetean la planta demasiadas veces.

❤️ **SÁLVALA** *Cada trampa se cierra 4 o 5 veces en toda su vida, así que evita «engañarla».*

¡BICHOS!
(ver pp. 24-27)

Propensa al ataque del **pulgón** y de la **araña roja**.

Dionaea muscipula

Altura: hasta 45 cm

Diámetro: hasta 15 cm

CUIDADOS SIMILARES

SARRACENIA
Sarracenia

Esta planta atrae insectos que caen en ella, y los ahoga. Presenta las mismas necesidades que la venus atrapamoscas.

COPA DE MONO
Nepenthes

Los insectos quedan atrapados en las jarras de colores vivos de esta planta. Cuídala igual que a la venus atrapamoscas.

LAS 5 MEJORES PLANTAS PARA
ESTAR AL SOL

El sol puede quemar las hojas de muchas plantas de interior, pero a algunas, como las chumberas y las suculentas, les encanta el sol. Aclimátalas poco a poco y, en verano, protégelas del fuerte sol del mediodía. Agrupadas quedan muy bien. Aquí tienes estas cinco para probar.

Echeveria
Echeveria

Esta suculenta, también llamada rosa de alabastro, forma rosetas y tolera el sol directo. La echeveria produce bonitas flores acampanadas, amarillas, naranjas o rosas.

Ver Echeveria, pp. 72-73.

Nopal cegador
Opuntia microdasys

Los cactus presentan una gran variedad de formas y tamaños. Este cactus es originario del desierto de México y se ha naturalizado en partes de África oriental. No es de extrañar que le encante tener mucho sol.

Ver Nopal cegador pp. 98-99.

Árbol de jade
Crassula ovata

Esta planta necesita mucha luz y tolera un poco de sol directo. Suele comprarse pequeña, por lo que resulta idónea para un alféizar soleado. Dura muchos años y puede llegar a producir flores pequeñas cada invierno.

Ver Árbol de jade, pp. 56-57.

Aloe vera
Aloe vera

A esta suculenta espinosa le gustan los lugares muy luminosos, e incluso tolera cierta luz directa del sol. El aloe adulto produce hijuelos en la base.

Ver Aloe vera, pp. 38-39.

Venus atrapamoscas
Dionaea muscipula

Esta divertida planta necesita mucha luz y un poco de sol directo. Cuando un insecto se posa en sus hojas articuladas, se cierran y la presa queda atrapada.

Ver Venus atrapamoscas, pp. 64-65.

TRONCO DEL BRASIL
Dracaena fragrans

Este arbusto se cultiva por sus bonitas hojas y es agradecido. Aguanta bien incluso el riego irregular.

....

CÓMO NO MATARLO

EMPLAZAMIENTO
Colócalo cerca de una ventana orientada al este o al oeste en una estancia que esté entre 13 y 21 °C.

LUZ
No le gusta el sol directo.

RIEGO + ABONO
De primavera a otoño, riégalo a discreción si los 2-3 cm superiores del sustrato están secos. En invierno, mantén el sustrato húmedo. Abónalo una vez al mes de primavera a otoño, pero no durante el invierno. Sobrevive con riego irregular durante cierto tiempo.

CUIDADOS
Limpia las hojas de vez en cuando y arranca las muertas. Ponlo en una bandeja con guijarros llena de agua y vaporízalo varias veces por semana.

¡BICHOS!
(ver pp. 24-27)

Vigila con las **cochinillas de la harina** y los **insectos escama** en las hojas.

¿HOJAS MARCHITAS?

Podría deberse a un exceso o a una falta de riego. Otra posibilidad es que tenga las raíces podridas.

💚 **SÁLVALO** *Asegúrate de regarlo correctamente (ver izquierda). Comprueba que la maceta drene bien. Si no mejora, mira si se han podrido las raíces y retira las zonas afectadas. Para más información, consulta Enfermedades (pp. 28-29).*

¿PUNTAS DE LAS HOJAS MARRONES?

Los bordes marrones pueden indicar un exceso de abono o un problema de riego. El tronco del Brasil puede ser sensible a los productos químicos del agua del grifo.

💗 **SÁLVALO** *Comprueba su régimen de riego y utiliza agua destilada, filtrada o de lluvia (ver izquierda).*

¿HOJAS AMARILLENTAS EN LA BASE?

Al cabo de 2 años, cada hoja se vuelve amarillenta de forma natural y cae.

💗 **SÁLVALO** *¡No te preocupes! Tan solo arranca con cuidado las hojas amarillentas.*

Hoja amarillenta

Dracaena fragrans

Altura: hasta 1,5 m

Diámetro: hasta 75 cm

CUIDADOS SIMILARES

DRÁCENA DE HOJA FINA
Dracaena marginata
Esta drácena necesita los mismos cuidados. Es espigada, lo cual es una ventaja si tienes poco espacio.

CANCIÓN DE LA INDIA
Dracaena reflexa
Otra drácena, cuyas hojas frondosas, a modo de palmera, se disponen en espiral alrededor del tallo principal.

BAMBÚ DE LA SUERTE
Dracaena sanderiana

Popularmente utilizada en feng shui, esta planta suele venderse con tallos retorcidos. Puede cultivarse en compost o en agua.

CÓMO NO MATARLO

EMPLAZAMIENTO
Mantén el bambú entre 16 y 24 °C, y nunca a menos de 10 °C en invierno. Evita los lugares con corriente o que sufran grandes cambios de temperatura.

LUZ
Colócalo en un lugar luminoso, evitando el sol directo.

RIEGO + ABONO
Riégalo con agua destilada, filtrada o de lluvia, porque es sensible a las sustancias químicas que contiene el agua del grifo. Si lo cultivas en sustrato, riégalo cuando esté ligeramente seco al tacto. En invierno, riégalo menos. Abónalo una vez en primavera y otra en verano. Si crece en agua, adminístrale un abono ligero cada 2 meses.

CUIDADOS
Si crece en sustrato, trasplántalo cada 2 años. Si crece en agua, necesita una profundidad de al menos 5 cm; debes asegurarte de que las raíces queden sumergidas. Refréscalo con agua templada cada semana.

¿HOJAS CON PUNTAS MARRONES?
Puede ser por las sustancias químicas del agua del grifo o porque el ambiente sea demasiado seco.

SÁLVALO *Riega el bambú con agua destilada, filtrada o de lluvia. Si el problema puede ser la falta de humedad, vaporiza las hojas cada 2 días.*

¿ALGAS EN EL AGUA?
Solo ocurre si el bambú crece en agua. Se debe a las sustancias químicas del agua del grifo o a un exceso de luz.

SÁLVALO *Limpia el recipiente y los guijarros. O pasa el bambú a un recipiente opaco y llénalo con agua destilada, filtrada o de lluvia. Retira el bambú de la luz directa del sol.*

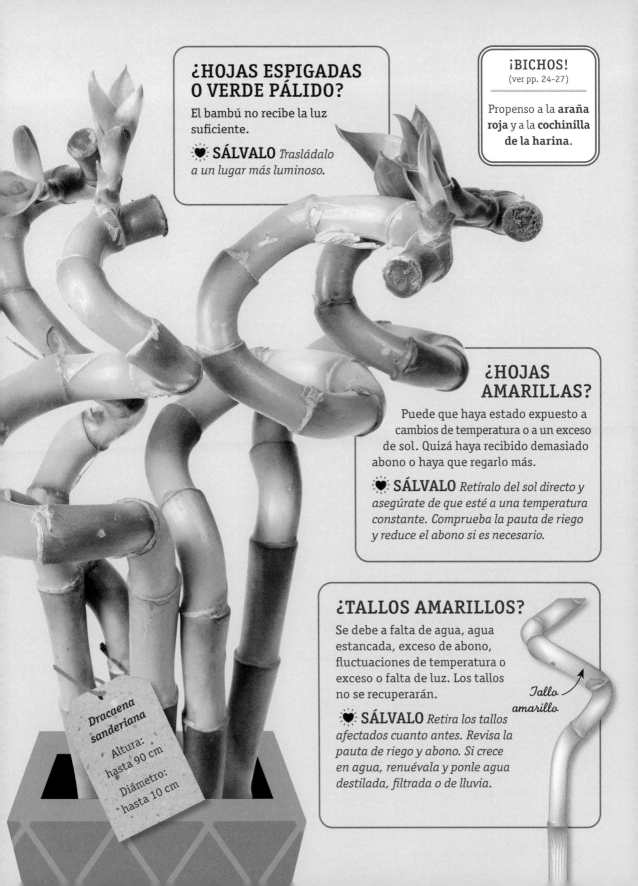

¿HOJAS ESPIGADAS O VERDE PÁLIDO?

El bambú no recibe la luz suficiente.

❤ **SÁLVALO** *Trasládalo a un lugar más luminoso.*

¡BICHOS!
(ver pp. 24-27)

Propenso a la **araña roja** y a la **cochinilla de la harina**.

¿HOJAS AMARILLAS?

Puede que haya estado expuesto a cambios de temperatura o a un exceso de sol. Quizá haya recibido demasiado abono o haya que regarlo más.

❤ **SÁLVALO** *Retíralo del sol directo y asegúrate de que esté a una temperatura constante. Comprueba la pauta de riego y reduce el abono si es necesario.*

¿TALLOS AMARILLOS?

Se debe a falta de agua, agua estancada, exceso de abono, fluctuaciones de temperatura o exceso o falta de luz. Los tallos no se recuperarán.

❤ **SÁLVALO** *Retira los tallos afectados cuanto antes. Revisa la pauta de riego y abono. Si crece en agua, renuévala y ponle agua destilada, filtrada o de lluvia.*

Tallo amarillo

Dracaena sanderiana

Altura: hasta 90 cm

Diámetro: hasta 10 cm

ECHEVERIA
Echeveria

Esta suculenta tiene muchas variedades, y todas producen flores diminutas.

CÓMO NO MATARLA

 **EMPLAZAMIENTO**
Mantén la planta entre 10 y 24 °C. Tolera temperaturas inferiores si el sustrato no está húmedo.

LUZ
Colócala en un lugar muy luminoso. Tolera el sol directo, siempre y cuando se aclimate a él de forma gradual.

RIEGO + ABONO
De primavera a otoño, riégala si los 2-3 cm superiores de sustrato están secos. En invierno, muy poco. Abónala una vez al mes en primavera y verano.

CUIDADOS
Extiende una capa de grava sobre el sustrato para que el cuello esté seco y la planta luzca más. No la tengas en una maceta demasiado grande porque la echeveria prefiere estar un poco prieta. Cuando la plantes, mezcla un poco de gravilla de jardinería con el sustrato para mejorar el drenaje. Los ejemplares jóvenes necesitan más cuidados que los adultos. En verano, le gusta estar en el exterior.

¿HOJAS MARCHITAS Y SECAS EN LA BASE?

Lo único que pasa es que las hojas viejas se van secando. Es normal y no hay de qué preocuparse.

☀ **SÁLVALA** *Arranca las hojas muertas con suavidad.*

¿ZONAS DESCOLORIDAS O MARRONES?

Tal vez el sol haya quemado las hojas o se hayan podrido allí donde se hayan acumulado gotas de agua.

☀ **SÁLVALA** *Aparta la planta de la luz directa del sol. No salpiques las hojas; riégala desde abajo si es necesario (ver Riego, pp. 18-19).*

¡BICHOS!
(ver pp. 24-27)

Propensa a la **cochinilla de la harina** en las hojas y, si en verano se deja en el exterior, a las larvas de **gorgojo** en el sustrato.

¿ESTÁ AMARILLA, TRASLÚCIDA O EMPAPADA?

Lo más probable es que se deba a un exceso de riego y, si no se remedia, puede causar la putrefacción de la planta.

❤ **SÁLVALA** *Reduce el riego y comprueba que el sustrato y la maceta drenen bien.*

¿HOJAS ARRUGADAS?

La planta necesita agua.

❤ **SÁLVALA** *Riégala un poco durante unos días y las hojas enseguida recuperarán su aspecto regordete.*

CUIDADOS SIMILARES

PLANTA DEL AIRE
Aeonium
Esta suculenta también produce rosetas y se cuida igual. Se presenta en una gran variedad de colores.

BOCA DE TIGRE
Faucaria
Cuida de esta suculenta del mismo modo. Aunque los bordes de las hojas parecen espinosos, no pinchan.

Echeveria secunda var. 'Glauca'

Altura y diámetro: hasta 10 cm

FLOR DE PASCUA
Euphorbia pulcherrima

Las brácteas rojas de la flor de Pascua le dan un aspecto festivo. El frío puede matarla, así que envuélvela bien para llevártela a casa.

CÓMO NO MATARLA

EMPLAZAMIENTO
Pon la planta en un lugar cálido y luminoso, lejos de corrientes o radiadores, en una estancia que esté entre 15 y 23 °C. Mantenla a temperatura constante.

LUZ
Colócala en un lugar luminoso, pero donde no le dé el sol directo.

RIEGO + ABONO
Riégala de modo que el sustrato esté húmedo pero no empapado. Deja secar los 1-2 cm superiores del sustrato antes de volver a regarla. Deja drenar el exceso de agua.

CUIDADOS
Un ambiente más húmedo hará que las brácteas duren más, así que mantén las plantas alejadas de fuentes de calor, como un radiador.

¡BICHOS!
(ver pp. 24-27)
Hojas propensas a la **cochinilla de la harina** y a la **araña roja**.

Bráctea pálida

¿BRÁCTEAS Y HOJAS PÁLIDAS?

Es normal que suceda con el tiempo. Tal vez la planta no reciba suficiente luz o haga demasiado calor.

SÁLVALA *Trasládala a un lugar más luminoso. Si la habitación está a más de 23 °C, pásala a un lugar más fresco.*

¿PUNTAS O BORDES MARRONES?

El aire es demasiado seco.

SÁLVALA *Vaporiza las hojas con frecuencia, sobre todo si la planta está en una estancia con calefacción.*

¿HOJAS AMARILLENTAS, QUE SE CAEN?

Quizá la planta esté en un entorno demasiado cálido y seco, o tal vez no reciba suficiente luz o agua.

💚 **SÁLVALA** *Comprueba que tu planta no está cerca de un radiador y que tiene suficiente luz. Riégala si el sustrato está seco.*

¿NO HAY BRÁCTEAS?

Las brácteas se marchitan en primavera, pero puedes intentar que la planta florezca al año siguiente.

💚 **SÁLVALA** *Hacia mediados de primavera, pódala hasta unos 10 cm de altura, trasplántala y riégala. En verano, tenla en un lugar fresco con luz indirecta. A comienzos de otoño, ponla en una alacena o tápala con una bolsa de plástico negro durante 14 horas cada noche a lo largo de 10 semanas. No olvides sacarla durante el día. Debería florecer de nuevo para Navidad.*

Euphorbia pulcherrima

Altura y diámetro: hasta 60 cm

¿PLANTA MARCHITA O QUE PIERDE HOJAS?

Las hojas suelen caerse después de marchitarse. Puede haber sufrido frío o corrientes, una falta o un exceso de riego o un cambio brusco de entorno.

💚 **SÁLVALA** *Si sufre falta de riego, sumerge la planta en agua templada una hora; debería revivir enseguida. Si ha sido regada en exceso, mira si tiene raíces podridas y retira las zonas afectadas (consulta Enfermedades, pp. 28-29). Deja que el sustrato se seque antes de volver a regar. Pon la planta en un lugar cálido, sin corrientes de aire. Si ha pasado frío, es probable que muera.*

FICUS LIRA
Ficus lyrata

Arbusto frondoso y exótico
que da un toque selvático
al salón.

CÓMO NO MATARLO

EMPLAZAMIENTO
Elige un lugar luminoso en una estancia
más bien cálida (18-24 °C), lejos de radiadores
o corrientes y con una temperatura que no baje
de 13 °C en invierno. A esta planta no le gusta
que la cambien de sitio, así que, cuando le
encuentres el lugar idóneo, déjala ahí.

LUZ
Ponlo en un lugar luminoso pero sin
sol directo en verano: le quemaría las hojas.

RIEGO + ABONO
De primavera a otoño, riégalo solo
cuando los 2-3 cm superiores de la tierra estén
secos. En invierno, de vez en cuando. Abónalo
una vez al mes en primavera y verano.

CUIDADOS
Limpia el polvo de la superficie de
las hojas. Vaporízalas de vez en cuando, más
en verano o si la estancia tiene calefacción.
Quizá tengas que sostener la planta con una
caña. Mientras el ficus sea joven, trasplántalo
a una maceta algo más grande cada primavera.
Cuando haya madurado, cambia solo los 5 cm
superiores de sustrato.

Planta entera

¡BICHOS!
(ver pp. 24-27)

Propenso a
**cochinillas,
insectos
escama** y
arañas rojas
en el foliaje.

¿PÉRDIDA REPENTINA DE HOJAS?

Si cambias el ficus de sitio es posible que
pierda muchas hojas de golpe por estrés.
También puede que se deba a aire seco o
a una falta o a un exceso de riego, una
falta o un exceso de abono, a la
temperatura o a las corrientes.

SÁLVALO *Evita cambiarlo de sitio.
Si no lo has movido últimamente, revisa
el emplazamiento y la pauta de cuidados.*

¿PUNTAS DE LAS HOJAS MARRONES?

Probablemente sea por baja humedad o a causa de un riego inadecuado o irregular.

❤ **SÁLVALO** *Aléjalo de las fuentes de calor y las corrientes de aire. Riégalo a intervalos regulares y de manera que el agua llegue a todo el cepellón.*

FICUS BENJAMINA
Ficus benjamina

Cuida de este ficus igual que del ficus lira. Mantenlo lejos de corrientes de aire y radiadores y evita cambiarlo de sitio.

Ficus lyrata

Altura: hasta 3 m

Diámetro: hasta 1 m

Mancha

¿MANCHAS OSCURAS EN LAS HOJAS?

Las manchas oscuras pueden deberse a un exceso de sol. Si son puntos, pueden ser de la hoja.

☀ **SÁLVALO** *Apártalo del sol directo. Retira las hojas manchadas y trata la planta con fungicida (ver Enfermedades, pp. 28-29).*

ÁRBOL DEL CAUCHO
Ficus elastica

Una alternativa al ficus lira de fácil cuidado. Limpia las hojas con frecuencia y no lo riegues en exceso.

FITONIA
Fittonia

Se encuentran en la selva peruana y se cultivan por el llamativo dibujo de sus hojas, que en la especie mostrada realzan sus vetas de color rojo rosado.

CÓMO NO MATARLA

EMPLAZAMIENTO
A esta planta le encanta el calor, así que colócala en una estancia que esté entre 15 y 23 °C. Si la temperatura es constante, el cuarto de baño o la cocina resultan ideales. La fitonia también crece bien en un terrario.

LUZ
Colócala en una bandeja con agua y guijarros y vaporízala a diario para darle humedad. Un alféizar no es el mejor lugar.

RIEGO + ABONO
De primavera a otoño, riégala bien con agua templada cuando el centímetro superior de sustrato esté seco y asegúrate de que drene. Riégala menos en invierno y no dejes que el sustrato de la planta esté frío y húmedo.

CUIDADOS
Coloca la planta en una bandeja con guijarros llena de agua y vaporízala a diario para proporcionarle la humedad necesaria.

Fittonia verschaffeltii
Altura: hasta 15 cm
Diámetro: indefinido

¡BICHOS!
(ver pp. 24-27)

Propensa al **pulgón**.

Pulgones en la cara inferior de una hoja joven

¿LA PLANTA SE HA DERRUMBADO?

La fitonia tiende a caer de forma exagerada cuando el sustrato está demasiado seco.

☀♥ **SÁLVALA** *Riégala bien y vaporiza las hojas. Asegúrate de regarla de la forma correcta (ver izquierda). Si el sustrato lleva seco un cierto tiempo, la planta quizá no se recupere.*

¿PUNTAS DE LAS HOJAS MARRONES?

Se debe a una falta de humedad.

☀♥ **SÁLVALA**

Vaporiza las hojas con regularidad y ponla en una bandeja con guijarros llena de agua.

¿HOJAS AMARILLAS?

Lo más probable es que se deba a un exceso de riego.

☀♥ **SÁLVALA** *A la fitonia le gusta la humedad, pero no que el sustrato esté empapado. Retira las hojas amarillas y asegúrate de que el sustrato se seque entre riego y riego.*

Hojas amarillentas ⟶

ORTIGA DE TERCIOPELO
Gynura aurantiaca

Cuesta vencer la tentación de acariciar sus hojas aterciopeladas. Tiene necesidades similares a las de la fitonia pero prefiere más luz.

HOJA DE LA SANGRE
Hypoestes

Esta planta tiene necesidades similares aunque tolera más luz. Es apropiada para un terrario.

HIEDRA COMÚN
Hedera helix

A diferencia de muchas otras plantas de interior, esta trepadora resistente prefiere el fresco, así que será un buen complemento en una estancia más bien fría.

CÓMO NO MATARLA

EMPLAZAMIENTO
Ponla en una estancia fresca o fría (2-16 °C). Debería crecer por un tutor, en un macetero colgante o en una maceta en una estantería. Es idónea para los porches no climatizados y para los pasillos con corriente de aire.

LUZ
Colócala en un lugar con luz tamizada. Las especies monocolores toleran aún menos luz.

RIEGO + ABONO
De primavera a otoño, mantén el sustrato húmedo pero no mojado y riégala cuando los 2-3 cm superiores de sustrato estén secos. Riégala menos en invierno. Abónala una vez al mes en primavera y verano.

CUIDADOS
Vaporiza la planta cuando haga calor. Trasplántala en primavera si las raíces llenan la maceta.

¿CRECE ESPIGADA?

La estancia es demasiado cálida o la planta no recibe luz suficiente.

❤ SÁLVALA
Trasládala a un lugar más fresco y luminoso. Corta las zonas afectadas para que crezca más frondosa.

Hedera helix
Altura y diámetro: hasta 30 cm

¿PUNTAS O BORDES MARRONES?

El ambiente es demasiado cálido y seco.

☀️❤️ **SÁLVALA** *Trasládala a un lugar más húmedo y fresco, sobre todo si la habitación tiene calefacción o si el tiempo es cálido.*

Bordes de las hojas secos y marrones

¿LAS HOJAS JASPEADAS SE VUELVEN TODAS VERDES?

La planta no recibe luz suficiente.

☀️❤️ **SÁLVALA** *Trasládala a un lugar más luminoso.*

Las hojas han perdido sus vetas

CUIDADOS SIMILARES

LAUREL MANCHADO
Aucuba japonica
Este arbusto de jardín de hoja perenne se cuida como la hiedra. Es idóneo para un lugar fresco, como un porche o un vestíbulo.

ARALIA DEL JAPÓN
Fatsia japonica
Otro arbusto de jardín de hoja perenne que necesita los mismos cuidados que la hiedra.

Indicios de araña roja

¡BICHOS!
(ver pp. 24-27)

Propensa a la **araña roja** en el follaje.

AMARILIS
Hippeastrum

Esta planta bulbosa suele venderse en un kit y, si recibe los cuidados adecuados, produce unas flores preciosas año tras año.

CÓMO NO MATARLA

EMPLAZAMIENTO
Mantén el bulbo plantado en un lugar luminoso a unos 20 °C y lejos de corrientes de aire. Cuando haya florecido, traslada la planta a un lugar algo más fresco para prolongar la vida de las flores.

LUZ
Colócala en un lugar luminoso sin que le dé el sol directo.

RIEGO + ABONO
Mantén el sustrato húmedo pero no empapado. Abónala una vez al mes.

CUIDADOS
La amarilis suele venderse en un kit con sustrato y maceta. Planta el bulbo en otoño o invierno en una maceta un poco más grande que el bulbo, en sustrato universal, con perlita para que drene. No entierres el bulbo entero: el cuello y los «hombros» deben sobresalir. Debería florecer entre 6 y 8 semanas después de plantarlo. Gira la maceta con regularidad para evitar que la planta crezca hacia la luz.

¡BICHOS!
(ver pp. 24-27)

Propensa a la **cochinilla de la harina** en las hojas y alrededor de la planta.

¿NO SALEN MÁS FLORES?

En primavera, las flores de la amarilis se marchitan, pero pueden volver a florecer en el invierno o la primavera siguientes.

♥ SÁLVALA *Corta el tallo de la flor seca a unos 5 cm por encima del bulbo y abónala y riégala como de costumbre. En verano puedes ponerla en el exterior. A comienzos de otoño, dale un periodo de reposo en una estancia a entre 10 y 13 °C. Deja de abonarla y reduce el riego durante ese tiempo. Las hojas se secarán. Al cabo de 8-10 semanas de reposo, sustituye los 5 cm superiores de sustrato, devuélvela a una estancia cálida, abónala y riégala como antes. Al cabo de 6-8 semanas debería florecer.*

Hippeastrum

Altura:
hasta 60 cm

Diámetro:
hasta 30 cm

¿EL TALLO TARDA EN DESARROLLARSE?

Tal vez la planta acuse demasiado frío.

☀️💗 **SÁLVALA** *Trasládala a un lugar más cálido (unos 20 °C). Comprueba que el sustrato esté húmedo pero no empapado.*

¿NO FLORECE EL INVIERNO SIGUIENTE?

Es posible que la planta no haya reposado lo suficiente en las condiciones adecuadas.

☀️💗 **SÁLVALA** *Dale un periodo de reposo de 8-10 semanas, suficiente luz y los cuidados adecuados (ver ¿No salen más flores?).*

KENTIA
Howea fosteriana

Esta palmera, que se popularizó en el siglo XIX, precisa de pocos cuidados y da un toque de elegancia en el hogar.

CÓMO NO MATARLA

EMPLAZAMIENTO
Mantén la planta entre 18 y 24 °C, y a una temperatura mínima de 12 °C en invierno. Debería estar lejos de radiadores.

LUZ
Colócala en un lugar luminoso con luz indirecta; el sol directo le quemaría las hojas.

RIEGO + ABONO
Riégala en primavera y verano para que el sustrato esté húmedo, pero déjalo secar ligeramente entre riego y riego. Reduce el riego en invierno. Abónala una vez al mes en primavera y verano.

CUIDADOS
Limpia las hojas con regularidad; puedes duchar la planta con agua templada o colocarla bajo una lluvia estival. Trasplántala cuando aparezcan raíces por encima del sustrato o cuando sobresalgan por los agujeros de drenado. Las raíces son delicadas y se dañan con facilidad, así que manipúlalas con cuidado al trasplantarlas.

Planta entera

¿PUNTAS MARRONÁCEAS?

El calor y la sequedad puede poner marrones las puntas de las hojas, y también las corrientes de aire o la falta o exceso de riego.

☀ SÁLVALA *Apártala del radiador. Mira que la temperatura no sea muy baja y riégala si el sustrato está seco. Corta las puntas marrones con unas tijeras por dentro de la zona marrón.*

Howea fosteriana
Altura: hasta 3 m
Diámetro: hasta 80 cm

¡BICHOS!
(ver pp. 24-27)

Propensa a los **insectos escama**, las **cochinillas de la harina**, y la **araña roja** en el follaje.

¿HOJAS MATES?

La falta de brillo de las hojas puede deberse a una humedad escasa.

❤ **SÁLVALA** *Aléjala de radiadores y vaporiza las hojas con frecuencia.*

¿HOJAS AMARILLENTAS?

En las hojas inferiores puede ser por la edad; Si está muy extendido, por exceso o falta de riego, corrientes, falta de abono o que la raíz se apelmace.

❤ **SÁLVALA** *Revisa los cuidados (ver izquierda).*

¿HOJAS MARRONES?

Es normal en las hojas inferiores cuando mueren, pero mira si hay que trasplantar o si las raíces se apelmazan.

❤ **SÁLVALA** *Corta las hojas marrones de la base con unas tijeras. Revisa la pauta de riego (ver izquierda).*

CUIDADOS SIMILARES

PALMERA DE SALÓN
Chamaedorea elegans

Palmera fácil de cultivar siguiendo las mismas pautas. Es bastante compacta y solo alcanza alrededor de un metro.

ARECA
Dypsis lutescens

Otra palmera similar con las mismas necesidades. Le gustan los espacios luminosos y un ambiente ligeramente húmedo.

LAS 5 MEJORES PLANTAS PARA
EL BAÑO

Una planta da al baño un toque verde y exuberante. Y a muchas de ellas les encanta la humedad que se produce en ese espacio. Aquí tienes cinco especies entre las que escoger.

Fitonia

Fittonia

Esta planta de la selva luce un hermoso follaje nervado. Le encanta la humedad, por lo que resulta idónea para el baño. Colócala en semisombra.

Ver Fitonia, pp. 78-79.

Culantrillo

Adiantum raddianum

Si te duchas y bañas mucho, el culantrillo estará contento, porque le encantan los ambientes húmedos. Tiene un follaje agradable y delicado.

Ver Culantrillo, p. 105.

Ortiga de terciopelo
Gynura aurantiaca

Las hojas de esta bonita planta son aterciopeladas. Cuando madure, empezará a formar nuevos tallos. Le gustan la humedad y la luz, así que ponla cerca de la ventana.

Ver Ortiga de terciopelo, p. 79.

Helecho de Boston
Nephrolepis exaltata

El helecho de Boston adora las estancias muy húmedas, por lo que resulta idóneo para el cuarto de baño. Sus arqueadas frondas lucen especialmente en un macetero colgante.

Ver Helecho de Boston, p. 93.

Flor de cera
Hoya carnosa

Esta planta trepadora de bellas flores cerosas despide una agradable fragancia vespertina, por lo que resulta idónea para darse un baño relajante. Además de humedad, necesita mucha luz, de modo que debe estar en un cuarto de baño luminoso.

Ver Flor de cera, pp. 88-89.

FLOR DE CERA
Hoya carnosa

Las bonitas flores de esta trepadora despiden una agradable fragancia al atardecer. Existen diferentes variedades.

Planta entera

CÓMO NO MATARLA

EMPLAZAMIENTO
Hazla trepar por un espaldar o tutor a una temperatura de entre 18 y 24 °C, siempre por encima de los 10 °C. Puede crecer bastante, así que necesita mucho espacio.

LUZ
Colócala en un lugar luminoso, pero sin sol directo, pues podría quemarla.

RIEGO + ABONO
De primavera a otoño, riégala cuando los 2-3 cm superiores de sustrato estén secos y déjalo húmedo pero no empapado. En invierno apenas hay que regarla. Abónala una vez al mes de primavera a finales de verano.

CUIDADOS

Necesita un sustrato bien drenado. Para aumentar la humedad, ponla en una bandeja con guijarros llena de agua. Vaporiza las hojas, a menudo si hace calor en la estancia. No la vaporices, traslades ni trasplantes cuando tenga brotes o flores. Cambia los 5 cm superiores de sustrato cada primavera. Trasplántala solo si la maceta le queda pequeña. No cortes las flores marchitas ni los tallos floridos porque volverán a florecer.

¿LOS CAPULLOS SE CAEN?
Quizá el sustrato esté demasiado seco o húmedo, o quizá hayas trasladado o trasplantado la planta cuando brotaba.

☀ **SÁLVALA** *No la cambies de sitio cuando tenga capullos o flores. Revisa la pauta de riego (ver izquierda).*

¿NO FLORECE?
Quizá la planta no esté en un lugar lo bastante luminoso, pues sobrevive con poca luz pero no florece. Tal vez hayas podado los tallos que florecían.

☀ **SÁLVALA** *Trasládala a un lugar más luminoso. Cada tallo produce flores muchos años, así que no los cortes. Deja caer las flores marchitas por sí solas.*

¡BICHOS!
(ver pp. 24-27)

Propensa a **cochinillas, mosca blanca, insectos escama** y **pulgón**.

CUIDADOS SIMILARES

FLOR DE CERA MINI
Hoya bella
Una planta más compacta que precisa cuidados similares, pero prefiere temperaturas más altas (no inferiores a 16 °C).

¿FLORES QUE GOTEAN?

Las flores secretan néctar para atraer a los polinizadores, así que es normal.

♥ **SÁLVALA**
¡No hagas nada!

¿HOJAS QUE SE CAEN, AMARILLEAN O ENNEGRECEN?

Podría deberse a un exceso de riego o a un frío excesivo en invierno.

☀♥ **SÁLVALA** *Asegúrate de que el sustrato no esté inundado. Riégala menos a menudo. Cámbiala de sitio si hace demasiado frío.*

Hoja ennegrecida

Hoya carnosa 'Variegata'
Altura: hasta 4 m
Diámetro: hasta 70 cm

ESCARLATA
Kalanchoe blossfeldiana

Esta suculenta se vende todo el año y presenta unas flores duraderas de color rojo, rosa, naranja, blanco o amarillo.

¡BICHOS!
(ver pp. 24-27)

Propensa a la **araña roja** y a la **cochinilla de la harina**.

CÓMO NO MATARLA

EMPLAZAMIENTO
Mantenla entre 18 y 24 °C, y por encima de 10 °C en invierno.

LUZ
Colócala en un lugar luminoso; puede darle el sol directo de vez en cuando, en una ventana orientada al este o al oeste en primavera o verano y al sur en invierno.

RIEGO + ABONO
Riégala cuando los 2-3 cm superiores de sustrato estén secos, menos a menudo en invierno. La maceta debe drenar bien para que el sustrato no se empape. Si conservas la planta después de florecer, abónala una vez al mes en primavera y verano.

CUIDADOS
Arranca las flores marchitas de un pellizco. Después de la floración, poda los tallos que hayan florecido. Mucha gente desecha la planta después de florecer, pero volverá a hacerlo si sigues una pauta de cuidados precisa (ver ¿No salen más flores?).

¿NO SALEN MÁS FLORES?
Las flores se marchitan al cabo de unas 8 semanas, pero puedes intentar que la planta vuelva a florecer.

☀ SÁLVALA *Sácala fuera en verano y éntrala en otoño, cuando empiece a bajar la temperatura. Déjala en un lugar fresco pero luminoso, sin abonar y regando menos. A partir de entonces necesitará 14 horas de oscuridad cada noche al menos durante un mes para volver a florecer. Así pues, si está en una estancia con luz artificial, métela en un armario al anochecer. Al cabo de unas 8 semanas a partir de que se formen capullos, retoma el abonado y el riego.*

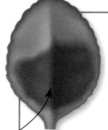

¿MANCHAS MARRONES?
Son quemaduras solares.

☀ SÁLVALA *Cambia la planta de sitio para que reciba menos sol directo.*

Manchas marrones

¿BORDES ROJOS EN LAS HOJAS?

No hay de qué preocuparse, pues las hojas se vuelven rojas si están al sol.

💛 **SÁLVALA** *La planta está contenta, pero vigila que las hojas no se quemen.*

¿PLANTA MARCHITA?

Quizá haya cogido frío o sufra de un exceso o una falta de riego.

💛 **SÁLVALA** *Trasládala a un lugar más cálido (no a un alféizar en el que refresque mucho de noche) y sin corrientes de aire frío. Revisa la pauta de riego.*

CUIDADOS SIMILARES

CALANDIVA
Kalanchoe
de la serie Calandiva®

Produce flores pequeñas, dobles, parecidas a rosas. Precisa de los mismos cuidados que la escarlata.

Kalanchoe blossfeldiana

Altura: hasta 30 cm

Diámetro: hasta 20 cm

¿TALLO MARRÓN O NEGRO Y MOHOSO?

Se debe a la podredumbre del tallo por un exceso de riego.

💛 **SÁLVALA** *Elimina las áreas afectadas. Para más información, consulta Enfermedades (pp. 28-29).*

Tallo negro y mohoso

HELECHO COCODRILO
Microsorum musifolium

Sus hojas recuerdan la piel arrugada de un cocodrilo y es un tipo de helecho perfecto para una cocina o un cuarto de baño, donde disfrutará de la humedad.

CÓMO NO MATARLO

EMPLAZAMIENTO
Mantenlo a 13-24 °C y alejado de fuentes de calor como radiadores.

LUZ
Colócalo a la sombra, lejos de la luz solar directa. Acércalo a una ventana en invierno si los niveles de luz son muy bajos.

RIEGO + ABONO
Deja que la capa superior del sustrato se seque casi del todo entre riegos entre primavera y principios de otoño. En invierno, deja que la capa superior se seque por completo y riega.

CUIDADOS
Trasplanta cuando las raíces se apelmacen con una mezcla de tierra y sustrato multiusos.

¿HOJAS AMARILLENTAS?

Recibe demasiada luz.

♥ **SÁLVALO** *Trasládalo a un lugar más sombreado.*

¿CORONA O TALLOS BLANDOS?

Estas partes blandas se están pudriendo.

♥ **SÁLVALO** *Evita regar por el centro del helecho para evitar que el agua se acumule en la corona y lo pudra.*

¡BICHOS!
(ver pp. 24-27)

Los **insectos escama** y la **cochinilla de la humedad** pueden ser un problema.

Microsorum musifolium

Altura y diámetro: hasta 60 cm

¿HOJAS QUEBRADIZAS?

Puede ser un signo de insuficiente riego o ambiente demasiado seco.

♥ **SÁLVALO** *Aumenta el riego y trasládalo lejos de cualquier fuente de calor, a un lugar con mayor humedad, como un cuarto de baño o la cocina.*

CUIDADOS SIMILARES

HELECHO DE BOSTON
Nephrolepis exaltata **'Bostoniensis'**

Este helecho clásico necesita el sustrato húmedo en todo momento y se beneficia de un abono mensual de primavera a otoño.

HELECHO NIDO
Asplenium nidus

Este helecho produce una roseta de hojas que recuerda el nido de un pájaro. Limpia las hojas para mantenerlas brillantes. Soporta bien los niveles bajos de luz.

NOMETOQUES
Mimosa pudica

Esta planta presenta una característica curiosa: cuando la tocas, las hojas se pliegan y los tallos se encorvan.

CÓMO NO MATARLA

EMPLAZAMIENTO
Mantenla entre 18 y 24 °C, y por encima de 15 °C en invierno.

LUZ
Colócala en un lugar muy luminoso, con algo de sol directo.

RIEGO + ABONO
Mantén el sustrato húmedo pero no empapado, y apenas húmedo en invierno. Abónala una vez al mes en primavera y verano.

CUIDADOS
A esta planta le gusta la humedad, así que ponla en una bandeja con guijarros llena de agua. Suele venderse con un kit para plantar y es fácil de cultivar a partir de la semilla. En verano produce unas bonitas flores rosas.

¿LA PLANTA TARDA EN REACCIONAR AL TOCARLA Y LUEGO EN RECUPERARSE?

La has tocado demasiado, y tiene menos «cosquillas». Después de tocarlas, las hojas pueden tardar hasta media hora en desplegarse.

☀ **SÁLVALA** *Dale un respiro no tocándola tanto. Puede tardar varias semanas en recuperar la sensibilidad.*

Hojas abiertas

Hojas cerradas

¡BICHOS!
(ver pp. 24-27)

Las hojas son propensas al ataque de la **araña roja**.

Planta entera

Mimosa pudica
Altura: hasta 60 cm
Diámetro: hasta 30 cm

¿PLANTA GRANDE PERO RAQUÍTICA?

Es normal. La planta pierde atractivo con el tiempo y la mayoría de la gente la desecha en otoño, una vez que ha terminado la floración.

❤ **SÁLVALA** *Pódala al tamaño que te guste, o bien siembra o compra otro ejemplar en primavera.*

¿HOJAS CERRADAS AUNQUE NO LAS TOQUEN?

La planta puede reaccionar por el aire o la brisa. Por la noche, las hojas se cierran de forma natural.

❤ **SÁLVALA** *¡No hagas nada!*

¿HOJAS AMARILLAS QUE SE CAEN?

La planta pasa demasiado frío.

❤ **SÁLVALA** *Trasládala a un lugar más cálido.*

COSTILLA DE ADÁN
Monstera deliciosa

La costilla de Adán fue muy popular en la década de 1970 y ha vuelto a ponerse de moda. Da un toque selvático y divertido a cualquier estancia.

....

CÓMO NO MATARLA

EMPLAZAMIENTO
Sobrevive entre 10 y 24 °C, pero solo crece con un mínimo de 18 °C. Puede crecer bastante: colócala en un lugar espacioso.

LUZ
Ponla en un lugar luminoso o en semisombra, por ejemplo, a un par de metros de una ventana sin que le dé el sol directo.

RIEGO + ABONO
Riégala cuando la parte superior del sustrato se haya secado un poco. Abónala una vez al mes en primavera y verano.

CUIDADOS
Limpia las hojas y vaporízalas de vez en cuando para que no acumulen polvo. En cuanto la planta alcance los 75 cm, necesitará apoyo, como un tutor de musgo o una caña de bambú. Remete las raíces que sobresalgan en el sustrato o en el tutor. Mientras la planta sea joven, trasplántala en primavera. Cuando ya sea demasiado grande para trasplantarla con facilidad, sustituye los 5 cm superiores de sustrato por otro nuevo.

¿HOJAS AMARILLAS?

El riego excesivo es la causa más probable, sobre todo si también se marchitan, y puede haber podrido las raíces. O puede que la planta necesite abono. Las pequeñas hojas inferiores amarillean de forma natural a medida que envejecen, y no hay por qué preocuparse.

☀ **SÁLVALA** *Reduce el riego. Abona una vez al mes en primavera y verano. Mira si hay raíces podridas y elimínalas. Ver Enfermedades (pp. 28-29).*

¿PUNTAS Y BORDES DE LAS HOJAS MARRONES?

Podría deberse al aire o al sustrato seco, a bajas temperaturas o a una falta de espacio en la maceta.

☀ **SÁLVALA** *Si está en una estancia cálida (más de 24 °C) y seca, ponla en una bandeja con guijarros con agua y vaporiza las hojas a menudo. Si está cerca de un radiador, apártala. Comprueba que no pase frío. Trasplántala si es necesario.*

¿LA PLANTA «LLORA»?

A veces, el agua gotea de las hojas después de regarlas y no suele ser un problema.

☀️❤️ **SÁLVALA** *Si notas que esto ocurre a menudo, comprueba que no estás regando en exceso.*

¡BICHOS!
(ver pp. 24-27)

Propensa a la **cochinilla de la harina** debajo de las hojas.

¿HOJAS SIN CORTES?

Las plantas jóvenes y los tallos nuevos no dan hojas cortadas. Si hay hojas sin cortes en los tallos maduros, la planta está triste.

☀️❤️ **SÁLVALA** *Si la planta es joven, ¡ten paciencia! Si no, asegúrate de tenerla en un sitio donde esté a gusto, con más de 18 °C, y de que la riegas, abonas y cuidas como es debido (ver izquierda).*

Monstera deliciosa

Altura y diámetro: hasta 1,8 m

CUIDADOS SIMILARES

FILODENDRO XANADÚ
Thaumatophyllum xanadu
Su deliciosa cúpula de hojas verde oscuro ayuda a este filodendro recientemente rebautizado a tolerar niveles de luz muy bajos. Mantenlo entre 15-24 °C y trasplántalo cada 2 o 3 años.

PULMÓN DE GATO
Monstera adansonii
Esta planta, con grandes agujeros ovales en las hojas, necesita los mismos cuidados que la costilla de Adán.

NOPAL CEGADOR
Opuntia microdasys

Cuidado con los finos pelos del cactus orejas de conejo. Pueden parecer suaves, pero estas espinas son bastante dolorosas e irritantes si se meten en la piel.

CÓMO NO MATARLO

EMPLAZAMIENTO
Coloca este cactus en un lugar cálido (13-29 °C). En invierno, trasládalo a un lugar más fresco para favorecer la floración, pero no dejes nunca que se hiele.

LUZ
Colócalo a pleno sol todo el año y procura que circule el aire los días calurosos.

RIEGO + ABONO
En primavera y verano, deja que se sequen los 2 cm superiores del sustrato antes de regar. Mantén el sustrato casi seco en otoño y totalmente seco en invierno. Abona una vez al mes de primavera a otoño.

CUIDADOS
Cultívalo en sustrato para cactus. Utiliza guantes gruesos cuando manipules esta planta, los pelos pueden parecer suaves, pero son dolorosamente irritantes y difíciles de quitar.

¡BICHOS!
(ver pp. 24-27)

Propenso a la **cochinilla de la harina**, el **insecto escama** y la **araña roja**.

¿HOJAS MARCHITAS?
Esto se debe a la falta de agua. Contra lo que se suele pensar, ¡los cactus necesitan riego!

☀ SÁLVALO
Riega el sustrato un poco cada día durante los días siguientes, pero no dejes que quede húmedo.

¿PARTES BLANDAS?
Si el cactus tiene partes blandas es porque se han podrido. Esto se debe a un exceso de riego, a menudo combinado con bajas temperaturas.

☀ SÁLVALO *Según lo extendida que esté la podredumbre, puedes trasplantarlo a un sustrato fresco para cactus. Corta las raíces podridas.*

¿NO FLORECE?

Algunos cactus (como *Mammillaria*, *Opuntia*, *Astrophytum* y *Rebutia*) florecen solo pasados algunos años.

☀♥ SÁLVALO *Deja de regar en otoño, y en invierno coloca el cactus en una habitación fresca y con luz, y mantén seco el sustrato. En primavera, llévalo a un lugar más cálido antes de reanudar el riego y el abono. Mantener la planta en una maceta pequeña también favorecerá su floración.*

¿DECOLORACIÓN MARRÓN/BLANCA?

Se trata de una quemadura solar que se produce cuando el cactus está expuesto a una luz solar muy intensa.

☀♥ SÁLVALO *En verano, aléjalo del sol del mediodía.*

Opuntia microdasys

Altura: hasta 45 cm

Diámetro: hasta 60 cm

¿SE PARTE EL CACTUS?

Esto se debe al riego excesivo.

☀♥ SÁLVALO *Deja de regar: la cicatriz debería curarse. Comprueba el régimen de riego (ver izquierda). Comprueba que el sustrato y la maceta estén bien drenados.*

CUIDADOS SIMILARES

CACTUS ESTRELLA
Astrophytum ornatum
Este pequeño cactus tiene forma redondeada y puede producir flores amarillas.

REBUTIA
Rebutia
Este popular cactus produce bonitas flores tubulares cerca de su base.

PEPEROMIA SANDÍA
Peperomia argyreia

Esta especie de peperomia, una belleza tropical fácil de cuidar, tiene hojas de color verde oscuro con dibujos que recuerdan a la piel de la sandía.

CÓMO NO MATARLA

EMPLAZAMIENTO
Necesita temperaturas de 15-24 °C durante la temporada de crecimiento, de primavera a otoño, y una temperatura mínima de 10 °C en invierno.

LUZ
Colócala a plena luz, pero apartada del sol directo.

RIEGO + ABONO
Riega con agua tibia de primavera a otoño en cuanto el sustrato empiece a secarse. Reduce el riego a casi nada en invierno. Abona mensualmente en primavera y verano.

CUIDADOS
Necesita un buen drenaje, pero no le importa tener las raíces apelmazadas, por lo que puedes esperar unos 3 años antes de trasplantar.

Peperomia argyreia.

Altura y diámetro: hasta 20 cm

¡BICHOS!
(ver pp. 24-27)

Propensa a la **cochinilla de la harina** bajo las hojas y alrededor.

Manchas marrones

¿MANCHAS MARRONES BAJO LAS HOJAS?

Se trata de un trastorno llamado edema, causado por un exceso de riego en invierno.

❤ **SÁLVALA** *Asegúrate de regar la planta con moderación en invierno. Para más información, consulta Enfermedades (pp. 28-29).*

YERBA LINDA
Peperomia rotundifolia
Bonita peperomia colgante con pequeñas hojas carnosas en forma de botón. Mantenla con humedad moderada a alta.

¿PIERDE HOJAS?

Puede ser falta de agua o exceso de frío.

❤ **SÁLVALA**
Riégala. Si está en una habitación a menos de 10 °C, trasládala a un lugar más cálido.

PEPEROMIA GOTA DE LLUVIA
Peperomia polybotrya
Esta planta tiene unas preciosas hojas brillantes en forma de corazón. También le gusta más la humedad que a la peperomia sandía.

¿PLANTA MARCHITA A PESAR DEL RIEGO?

Puede que la hayas regado en exceso, provocando la pudrición de las raíces.

❤ **SÁLVALA** *Mira si hay raíces podridas y elimina las zonas afectadas. Para más información, ver Enfermedades (pp. 28-29).*

ORQUÍDEA ALEVILLA
Phalaenopsis

La familia de las orquídeas es numerosa.
Las más fáciles de cultivar son estas,
cuyas flores duran varias semanas.

CÓMO NO MATARLA

EMPLAZAMIENTO
Colócala en una estancia con una temperatura entre 18 y 26 °C.

LUZ
Pide mucha luz, pero indirecta. Lo ideal es cerca de una ventana orientada al este.

RIEGO + ABONO
Riégala sumergiéndola y escurriéndola (ver Riego, pp. 18-19) una vez por semana en primavera y verano, y más o menos cada 2 semanas en invierno. Lo ideal es hacerlo con agua destilada, filtrada o de lluvia. Abónala con fertilizante especial para orquídeas una vez al mes en primavera y verano, y cada 2 meses en otoño e invierno.

CUIDADOS
Cultívala en sustrato especial para orquídeas, en un recipiente transparente para que la luz llegue a las raíces. No cortes ni cubras las raíces que aparezcan en la superficie porque se pudrirían. En cuanto las hojas se marchiten, recorta el tallo florecido por debajo del capullo; debería salir un nuevo brote que floreciera al cabo de unos meses.

¿CAÍDA DE CAPULLOS?
Podría deberse a una falta o a un exceso de riego, a una baja humedad o a una fluctuación de temperatura.

SÁLVALA *Riégala normalmente (ver izquierda) y ponla en una bandeja con guijarros llena de agua. Evita trasladarla cuando tenga brotes.*

¡BICHOS!
(ver pp. 24-27)

Follaje propenso a los **insectos escama** y a la **cochinilla de la harina**.

Phalaenopsis
Altura: hasta 1 m
Diámetro: hasta 30 cm

¿NO FLORECE?

La planta puede tardar varios meses en volver a florecer. Pero la falta de flores también puede deberse a una falta de luz, a una escasez o a un exceso de abono o a la fluctuación excesiva de la temperatura. Quizá necesite ser trasplantada.

❤ **SÁLVALA** *Llévala a un lugar más luminoso y asegúrate de abonarla siguiendo la pauta correcta (ver izquierda). Trasplántala si es necesario. Una temperatura nocturna inferior (13-18 °C) estimula la floración: tenla unas semanas en el alféizar de una ventana o en una estancia más fresca.*

¿CAMBIO DE COLOR DE LAS HOJAS?

Las hojas deberían ser de color verde hierba. Es normal que las más viejas amarilleen, pero en el caso de las jóvenes puede ser consecuencia de un exceso de luz o de una falta de abono. Si las hojas se oscurecen, puede deberse a una falta de luz.

❤ **SÁLVALA** *Ajusta el nivel de luz en consecuencia. Si es primavera o verano, piensa en abonar la planta una vez al mes.*

Hojas amarillas

Hojas arrugadas

¿HOJAS ARRUGADAS?

Probablemente signifique que no llega suficiente agua a las hojas, lo cual suele deberse a una falta de riego, aunque también es posible que las raíces estén dañadas. Si las hojas están lacias, quizá no haya humedad suficiente.

❤ **SÁLVALA** *Las raíces sanas son plateadas o verdes; si están marrones y mohosas es porque se han regado demasiado. Unas raíces huecas y crujientes son indicio de falta de riego. Si las raíces están dañadas, corta la parte que esté peor y trasplanta la orquídea cambiando el sustrato. Aumenta la humedad colocando la planta en una bandeja con guijarros llena de agua.*

HELECHO PALMA
Phlebodium aureum

Esta planta es uno de los helechos más fáciles de cuidar. Tiene un precioso color azul verdoso y frondas lobuladas.

CÓMO NO MATARLO

EMPLAZAMIENTO
Apártalo de corrientes de aire y fuentes de calor, en una habitación a una temperatura de 10-21 °C. Lo ideal sería una habitación con humedad alta.

LUZ
A este helecho le gusta estar en sombra total o parcial y bien alejado de la luz solar directa.

RIEGO + ABONO
Mantén el sustrato húmedo y drenado. Abona mensualmente en época de crecimiento.

CUIDADOS
Elimina las frondas viejas de la base. Trasplanta cuando las raíces se apelmacen.

¿LAS FRONDAS SE PONEN AMARILLAS?

Puede ser porque la raíz se pudra.

💗 **SÁLVALO** *Revisa las raíces en busca de podredumbre. Retira las marrones o blandas y la tierra que las rodea. Asegúrate de que el drenaje es adecuado y de que la tierra está húmeda pero no mojada.*

¡BICHOS!
(ver pp. 24-27)

Propenso al **insecto escama** y a la **cochinilla de la harina** en las hojas.

¿HOJAS CON PUNTAS MARRONES?

Ambiente muy caliente o seco. Puede requerir más agua.

💗 **SÁLVALO** *Aléjalo de corrientes de aire, fuentes de calor o sol directo. Si puedes, pásalo a una habitación más húmeda, como el cuarto de baño o la cocina. Aumenta el riego si es necesario.*

CUIDADOS SIMILARES

HELECHO DE CRETA
Pteris cretica
Este helecho produce un follaje inusual, casi como el de una palmera, y soporta mejor que otros helechos que el sustrato se seque de vez en cuando.

Phlebodium aureum

Altura y diámetro: hasta 1 m

¿PIERDE HOJAS?

Puede deberse tanto a la falta como al exceso de riego.

💗 **SÁLVALO** *Comprueba que el suelo no esté empapado ni del todo seco, sino húmedo y bien drenado.*

CULANTRILLO
Adiantum raddianum
Este delicado helecho puede ser difícil de cultivar. Prefiere una temperatura de 15-21 °C y debe regarse cuando la capa superior de 1 cm de sustrato esté seca, dejando escurrir el exceso.

LAS 5 MEJORES CON
POCA LUZ

Todas las plantas necesitan algo de luz para crecer, pero algunas, sobre todo las de hojas más grandes, toleran mejor los lugares con luz escasa. Aquí tienes cinco de las mejores especies para lugares sombríos.

Helecho nido
Asplenium nidus

Este helecho, fácil de cuidar, tiene una roseta de hojas brillantes y exuberantes. Tolera bien la poca luz, pero hay que limpiar las hojas para que brillen y la luz penetre en ellas.

Ver Helecho nido, p. 93.

Espatifilo
Spathiphyllum

El espatifilo es una planta fácil de cultivar, con unas hojas verdes brillantes y asombrosas flores blancas. No le importa vivir con poca luz, y también tolera el riego irregular.

Ver Espatifilo, pp. 124-125.

Filodendro de hoja acorazonada

Philodendron scandens

Presenta unas hojas brillantes en forma de corazón. Es trepador, así que conviene ponerle un tutor de musgo.

Ver Filodendro de hoja acorazonada, p. 109.

Aralia del Japón

Fatsia japonica

Esta increíble planta de grandes hojas, lustrosas y exuberantes, crece bien con poca luz y en invierno soporta temperaturas de hasta 0 °C.

Ver Aralia del Japón, p. 81.

Hoja de lata

Aspidistra eliator

Como su nombre indica, es una planta resistente. Limpia las hojas para que capten el máximo de luz. Tolera la escasez de riego, y en cambio detesta el sustrato muy húmedo.

Ver Hoja de lata, p. 125.

FILODENDRO IMPERIAL ROJO
Philodendron 'Imperial Red'

Este filodendro tiene grandes hojas cerosas de color rojo cuando es joven, que se oscurecen gradualmente a púrpura y luego a verde oscuro.

CÓMO NO MATARLO

 EMPLAZAMIENTO
Al filodendro imperial rojo le gustan las temperaturas moderadas, entre 15 y 24 °C.

 LUZ
Colócalo en un lugar luminoso, alejado de la luz solar directa.

 RIEGO + ABONO
Riega cuando los 2-3 cm superiores del sustrato estén secos. En invierno, riega con moderación. Abona una vez al mes en primavera y verano.

 CUIDADOS
Sus hojas brillantes acumulan polvo con facilidad. Retíralo regularmente con un paño húmedo. Trasplanta en primavera.

¡BICHOS!
(ver pp. 24-27)

El **insecto escama** y la **araña roja** pueden ser un problema.

¿HOJAS MARCHITAS O AMARILLENTAS?

Probablemente lo riegas demasiado.

SÁLVALO *Al filodendro no le gusta la tierra demasiado húmeda. Asegúrate de que la capa superior de sustrato se seca entre riegos y de que la maceta drena bien.*

¿LAS HOJAS SE CAEN?

La habitación es demasiado fría o hay corrientes de aire.

💛 **SÁLVALO** *Trasládalo a un lugar donde las temperaturas sean más moderadas, lejos de corrientes de aire frío.*

¿BORDES DE LAS HOJAS MARRONES?

El filodendro está perdiendo agua por la sequedad o el calor, no recibe suficiente agua o tiene demasiada luz solar.

💛 **SÁLVALO** *Aléjalo de fuentes de calor, ventanas y puertas, y asegúrate de que el sustrato no esté demasiado seco.*

Philodendron 'Imperial Red'

Altura: hasta 1,5 m

Diámetro: hasta 1 m

¿LAS HOJAS PIERDEN SU COLOR?

Este filodendro perderá vivacidad si tiene excesiva luz solar fuerte o directa.

💛 **SÁLVALO** *Comprueba el nivel de luz de la habitación y pásalo a un lugar más sombrío si es necesario.*

CUIDADOS SIMILARES

FILODENDRO DE HOJA ACORAZONADA
Philodendron scandens
Esta planta de hojas brillantes, que suele venderse trepando por un poste, tolera bien los lugares sombríos. Requiere los mismos cuidados que el filodendro imperial rojo.

FILODENDRO ROJO
Philodendron erubescens
Esta trepadora de crecimiento lento tiene necesidades similares. Tiene hojas de color púrpura cuando es joven.

PLANTA MISIONERA
Pilea peperomioides

También conocida como planta china del dinero, es muy apreciada por sus bonitas hojas parecidas a las del nenúfar.

CÓMO NO MATARLA

EMPLAZAMIENTO
Mantenla entre 18 y 24 °C, y a no menos de 12 °C en invierno. Le gusta la humedad, y es idónea para el baño.

LUZ
Colócala en un lugar luminoso o parcialmente sombreado, pero evita la luz directa del sol, pues dañaría las hojas. Estas crecerán más rápido en semisombra que con mucha luz.

RIEGO + ABONO
Mantén húmedo el sustrato, pero déjalo secar un poco entre riegos. Abona cada 2 semanas en primavera y verano.

CUIDADOS
Asegúrate de que el sustrato drene bien y no permitas que quede mojado. Limpia las hojas de vez en cuando con un paño limpio húmedo para que no acumulen polvo y estén brillantes. En la base aparecerán hijuelas, que puedes plantar.

Pilea peperomioides

Altura y diámetro: hasta 30 cm

¿LAS HOJAS MIRAN EN UNA DIRECCIÓN?

Las hojas crecen hacia la luz.

💗 **SÁLVALA** *Rota la planta con regularidad para que se mantenga redondeada.*

¿HOJAS AMARILLAS, MARRONES O NEGRAS?

Si las hojas se decoloran en la base de la planta, no te preocupes: son hojas envejecidas. Si el problema es general, puede ser podredumbre de las raíces. Comprueba que no se apelmacen.

💗 **SÁLVALA**
Revisa la pauta de riego y cuidados (ver izquierda).

¡BICHOS!
(ver pp. 24-27)

Propensa a los **insectos escama** en el follaje.

¿HOJAS RIZADAS?

Esto significa que las condiciones de la planta no son las adecuadas.

💗 **SÁLVALA** *Comprueba las pautas de Emplazamiento y de Luz y sigue el régimen de Cuidados (ver izquierda).*

CUIDADOS SIMILARES

PLANTA DE LA AMISTAD
Pilea involucrata
'Moon Valley'
Esta llamativa planta perenne tiene necesidades similares a las de la planta misionera, pero prefiere más humedad. Intenta colocarla en un terrario.

MADREPERLA
Pilea cadierei
Esta planta puede cuidarse igual que la planta de la amistad, pues también le gusta la humedad elevada.

CUERNO DE ALCE
Platycerium bifurcatum

En estado silvestre, este helecho crece como planta de aire, y en el hogar puede cultivarse con o sin sustrato. Suele venderse en un soporte.

CÓMO NO MATARLO

 EMPLAZAMIENTO
Mantenlo en lugar húmedo; el cuarto de baño es idóneo. Asegúrate de que la temperatura se mantenga entre 10 y 24 °C.

LUZ
Ponlo en un lugar con mucha luz indirecta. El sol directo quemaría las hojas.

RIEGO + ABONO
El cuerno de alce absorbe agua a través de las raíces y las frondas. Mantén el sustrato algo húmedo. Para regar una planta con soporte, sumérgela cabeza abajo en agua templada y déjala así 20 minutos, o ponla bajo el chorro de agua templada. Déjala secar antes de colgarla. Riega el cuerno de alce cada semana si está en una estancia cálida y seca, y cada 2-3 semanas si el lugar es fresco y húmedo. Abónalo una vez al mes en primavera y en verano.

CUIDADOS
Vaporízalo de forma regular con agua templada, sobre todo si está en una estancia cálida y seca.

> **¡BICHOS!**
> (ver pp. 24-27)
>
> Propenso a los **insectos escama** debajo de las hojas.

Platycerium bifurcatum

Altura y diámetro: hasta 1 m

¿PUNTAS MARRONES O MARCHITAS?

No recibe suficiente agua.

❤ **SÁLVALO** *Riégalo más a menudo y aumenta la humedad vaporizando las hojas con mayor frecuencia.*

¿LO RIEGAS Y AUN ASÍ SE MARCHITA?

Puede haber raíces podridas.

❤ **SÁLVALO**
Mira las raíces y retira las negras y mohosas. Consulta Enfermedades (pp. 28-29).

CUERNO DE ALCE GRANDE
Platycerium grande
Esta otra planta de interior, con unas hojas que parecen la cornamenta de un alce, es más grande pero necesita los mismos cuidados.

¿CUERNOS MARRONÁCEOS O NEGROS EN LA BASE?

Acusa un exceso de riego.

❤ **SÁLVALO**
No lo riegues durante unas semanas y luego vuelve a la pauta de riego habitual.

Las frondas cuerno brotan del centro

Las frondas escudo rodean la base

¿FRONDAS ESCUDO MARRONES?

El cuerno de alce tiene unas pequeñas frondas «escudo» en la base que ayudan a acumular agua y proteger las raíces. Con el tiempo, es normal que se vuelvan marrones.

❤ **SÁLVALO** *No hagas nada, es normal que las frondas inferiores se vuelvan marrones. No las arranques.*

VIOLETA AFRICANA
Saintpaulia

Estas conocidas plantas de hojas velludas tienen flores de colores variados. Por su pequeño tamaño, son idóneas para espacios reducidos.

CÓMO NO MATARLA

✓ EMPLAZAMIENTO
Necesita calor (16-23 °C) y buena luz, pero indirecta.

LUZ
Colócala en un lugar luminoso, pero protégela del sol directo para que no se le quemen las hojas.

RIEGO + ABONO
Riégala cuando los 2-3 cm superiores del sustrato estén secos, desde abajo y durante unos 30 minutos para no mojar las hojas (ver Riego, pp. 18-19). Abónala una vez al mes desde primavera hasta finales de verano.

CUIDADOS
Corta las hojas secas. La violeta africana crece mejor en macetas pequeñas, así que no la trasplantes muy a menudo.

¿HOJAS AMARILLAS?

Podría ser sequedad del aire, exceso de sol o falta de riego o abono.

♥ SÁLVALA
Retírala del sol directo y de fuentes de calor. Aumenta la humedad y revisa la pauta de riego y abono (ver izquierda).

¿NO FLORECE?

En invierno, la violeta africana deja de florecer debido a la reducción de luz. De primavera a verano, la falta de flores podría deberse a unos cuidados deficientes.

♥ SÁLVALA
En invierno, trasládala a una ventana luminosa orientada al sur o al oeste. Entre primavera y otoño, abónala como corresponde y déjala en un lugar lo bastante cálido.

¡BICHOS!
(ver pp. 24-27)

Propensa a la **cochinilla de la harina** en el reverso de las hojas.

¿MANCHAS MARRONES EN LAS HOJAS?

Tal vez se hayan salpicado o se haya regado la planta con agua fría.

💓 **SÁLVALA** *Riégala desde abajo para no salpicar las hojas. Deja la maceta en un plato con agua a temperatura ambiente unos 30 minutos.*

Manchas marrones

Saintpaulia
'Bright Eyes'

Altura y diámetro: hasta 15 cm

¿ESTÁ MARCHITA?

Es consecuencia de un exceso o una falta de riego.

💓 **SÁLVALA** *Riega la planta desde abajo cuando los 2-3 cm superiores de sustrato estén secos. Mira si hay podredumbre de raíces o de la corona (ver Enfermedades, pp. 28-29).*

¿PELUSILLA GRIS O POLVO BLANCO EN LAS HOJAS?

Probablemente se trate del moho gris o botritis.

💓 **SÁLVALA** *Retira las zonas afectadas y trata la planta con fungicida. Para más información, ver Enfermedades (pp. 28-29).*

Pelusilla gris

LENGUA DE TIGRE
Sansevieria trifasciata

Esta asombrosa planta, con unas hojas rígidas que parecen espadas, es prácticamente indestructible; solo muere debido a un exceso de riego o de frío.

. . . .

CÓMO NO MATARLA

EMPLAZAMIENTO
La lengua de tigre se adapta prácticamente a cualquier lugar. Crece de maravilla entre los 10 y los 26 °C y no le afectan las corrientes ni el aire seco.

LUZ
Lo idóneo es que tenga luz indirecta, aunque también tolera algo de sol directo. También le va bien que haya poca luz, pero entonces las hojas suelen adoptar un color verde uniforme.

RIEGO + ABONO
Riégala con moderación en primavera y verano, y de forma esporádica en otoño e invierno. Abónala una vez al mes en primavera y verano.

CUIDADOS
Cultívala en una maceta pesada para evitar que vuelque. Cuídate de no dañar las puntas de las hojas o de lo contrario la planta no crecerá. Limpia las hojas de vez en cuando para que brillen. Trasplántala solo si la maceta se le queda pequeña.

¿HOJAS QUE CAEN A LOS LADOS?

Quizá la has regado poco o mucho, o bien no recibe luz suficiente. Tal vez esté en una maceta demasiado pequeña. A veces las hojas altas y viejas se desploman.

SÁLVALA *Revisa la pauta de cuidados y el nivel de luz (ver izquierda). Trasplántala si es necesario.*

¿HOJAS QUE AMARILLEAN?

Suele deberse a un exceso de riego, sobre todo en invierno. Comprueba que no haya podredumbre en la base y las raíces.

SÁLVALA *Deja secar el sustrato. Si hace frío, considera trasladar la planta a un sitio más cálido. Mira si tiene las raíces podridas y retira las negras y mohosas (ver Enfermedades, pp. 28-29).*

Hoja amarilla

¿HOJAS ARRUGADAS?

Probablemente le falte agua.

❤️☀️ SÁLVALA

Si riegas la planta ligeramente durante unos días, las hojas deberían recuperar su firmeza.

Hoja arrugada

¡BICHOS!
(ver pp. 24-27)

Propensa a la **cochinilla de la humedad** en el follaje.

Sansevieria trifasciata

Altura: hasta 1,2 m

Diámetro: hasta 50 cm

CUIDADOS SIMILARES

LANZA AFRICANA
Sansevieria cylindrica

La lanza africana necesita los mismos cuidados que la lengua de tigre. Sus hojas, cilíndricas, suelen trenzarse.

PLANTA DE LA LECHE
Euphorbia trigona

Esta asombrosa suculenta tiene unas espinas afiladas. Necesita los mismos cuidados.

LIVISTONA
Saribus rotundifolius

Cultiva esta palmera monumental por sus impresionantes hojas en forma de abanico. En el exterior puede crecer hasta 20 m; en casa puede alcanzar los 2 m.

CÓMO NO MATARLA

EMPLAZAMIENTO
Esta planta será más feliz en una habitación que se mantenga entre 13-24 °C. Asegúrate de dejarle espacio suficiente para que crezca y extienda sus hojas.

LUZ
Colócala a plena luz pero con sol indirecto.

RIEGO + ABONO
Espera a que se sequen los 3 cm superiores del sustrato antes de regar de primavera a otoño. En invierno, deja que se seque casi la mitad del sustrato cada vez. Abona cada mes de primavera a otoño.

CUIDADOS
Mantén la planta alejada de cualquier fuente de calor. Limpia las hojas de vez en cuando con un paño húmedo para eliminar el polvo.

Saribus rotundifolius

Altura: hasta 2 m

Diámetro: hasta 1 m

> **¡BICHOS!**
> (ver pp. 24-27)
>
> Comprueba si hay **araña roja** o **cochinilla de la harina** bajo las hojas y en los tallos.

¿HOJAS CON MANCHAS MARRONES?

Síntoma de la enfermedad de la mancha foliar.

❤ **SÁLVALA** *Retira las hojas afectadas y trátalas con un fungicida orgánico.*

¿LAS HOJAS SE VUELVEN AMARILLAS?

Las hojas pálidas o amarillentas son un síntoma de falta de riego.

❤ **SÁLVALA** *Deja secar solo los 3 cm superiores de sustrato en verano, sobre todo si la planta está en una habitación luminosa.*

¿TALLOS MARRONES?

Es signo de podredumbre, y puede causarlo una combinación de exceso de riego, mal drenaje y falta de luz.

❤ **SÁLVALA** *Comprueba que la maceta drena bien. Trasplanta si es necesario. Si las raíces se pudren, quita las afectadas y la tierra circundante. No riegues en exceso. Las plantas que estén en espacios más oscuros necesitarán menos agua.*

CUIDADOS SIMILARES

PALMERA COLA DE PEZ
Caryota mitis
Con hojas inusuales pero muy bonitas, como colas de pez, tiene las mismas necesidades que la livistona, pero le gusta una mayor humedad.

PALMERA ENANA
Phoenix roebelenii
Palmera datilera en miniatura apta para interior, aunque puede alcanzar 1,8 m. Prefiere una temperatura ambiente de unos 18 °C.

ARALIA
Schefflera arboricola

Esta planta frondosa de aspecto exótico es fácil de cultivar. Puede quedarse a la altura deseada cortándola por la parte superior.

CÓMO NO MATARLA

EMPLAZAMIENTO
Tenla en una estancia relativamente cálida (13-24 °C), sin que la temperatura baje de los 13 °C en invierno.

LUZ
Necesita luz, pero indirecta.

RIEGO + ABONO
De primavera a otoño, riégala cuando los 2-3 cm superiores del sustrato se hayan secado. Tolera la escasez de riego pero no el exceso de agua, que podría pudrirle las raíces (ver Enfermedades, pp. 28-29). Reduce el riego en invierno. Abónala una vez al mes en primavera y verano.

CUIDADOS
Vaporiza las hojas cuando haga calor o si la planta está en una estancia cálida. Límpialas de vez en cuando con un paño limpio húmedo para que no se llenen de polvo.

¿HOJAS PEGAJOSAS?

Es propensa a tener insectos escama, cuyo primer síntoma son las hojas pegajosas, que acaban negras y tiznadas. También aparecen unas protuberancias marrones debajo de las hojas.

SÁLVALA *Frota las hojas para quitar los insectos y límpialas retirando el moho oscuro. Trátalas con insecticida. Ver Plagas (pp. 24-27).*

¿LAS HOJAS SE CAEN?

Podría deberse a fluctuaciones de temperatura o a que la planta esté en un lugar demasiado oscuro. Tal vez esté acusando una falta o un exceso de agua.

SÁLVALA *Asegúrate de tenerla en un lugar lo bastante cálido (13-24 °C) y de que recibe mucha luz indirecta. Mantenla lejos de corrientes frías. Revisa la pauta de riego (ver izquierda).*

¿LA PLANTA SE INCLINA?

Se inclina hacia la luz.

❤ **SÁLVALA** *Gira la planta a menudo o átala a una caña de bambú o a un tutor de musgo.*

PLANTA CEBRA
Aphelandra squarrosa

La planta cebra, que suele venderse con flores, necesita cuidados similares pero debe mantenerse por encima de 15 °C. Un exceso de agua provoca la caída de las hojas inferiores.

¡BICHOS!
(ver pp. 24-27)

Propensa al **insecto escama** y a la **araña roja** en el follaje.

Schefflera arboricola
Altura: hasta 1,4 m
Diámetro: hasta 1 m

¿HOJAS CAÍDAS?

Se debe a un exceso o a una falta de riego.

❤ **SÁLVALA** *Observa el sustrato. Si está empapado, déjalo secar y comprueba que no se haya iniciado la podredumbre de raíces (ver Enfermedades, pp. 28-29). Riégala solo cuando los 2-3 cm superiores del sustrato se hayan secado.*

CACTUS DE NAVIDAD
Schlumbergera buckleyi

El cactus de Navidad es un cactus selvático de hoja perenne en lugar de uno típico de desierto. Florece en invierno.

CÓMO NO MATARLO

EMPLAZAMIENTO
Tenlo en una habitación en la que esté entre 18 y 24 °C. Para que florezca, déjalo reposar con más frío (ver ¿No florece?).

LUZ
Le gusta la luz, pero indirecta.

RIEGO + ABONO
Riégalo cuando los 2-3 cm superiores de sustrato estén secos y deja drenar el exceso de agua; no lo empapes. En invierno, riégalo menos. Abónalo una vez al mes en primavera y verano.

CUIDADOS
Ponlo en una bandeja con guijarros llena de agua y vaporiza las hojas dos veces por semana cuando no esté en flor. Trasplántalo a una maceta algo más grande cada 1 o 2 años, cuando el cepellón haya llenado la maceta (le gusta estar prieto). Añade un poco de gravilla al sustrato.

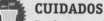

¡BICHOS!
(ver pp. 24-27)

Propenso a la **cochinilla de la harina** en los tallos.

¿NO FLORECE?

Necesita un periodo de descanso para volver a florecer.

☀ SÁLVALO *Tras la floración, llévalo a una estancia fría, no climatizada (a unos 12 °C), y déjalo ahí 8 semanas; riégalo menos. En verano, sácalo al exterior, a un lugar sombreado, y riégalo y abónalo como de costumbre. En otoño, déjalo descansar otras 8 semanas en una estancia fresca y sin climatizar donde no se enciendan luces por la noche. Después, devuélvelo a su sitio y cuídalo como de costumbre.*

¿HOJAS ROJIZAS?

Le da demasiado el sol o le falta agua.

☀ **SÁLVALO** *Apártalo del sol directo. Comprueba el régimen de riego.*

Hojas rojizas

Schlumbergera Hybrid

Altura y diámetro: hasta 35 cm

¿CAEN CAPULLOS?

Tal vez lo hayas cambiado de sitio cuando brotaba, no lo riegas bien o haya fluctuado la temperatura.

☀ **SÁLVALO** *Cuando empiecen a salir los brotes, pásalo de su lugar de reposo a su sitio habitual y no vuelvas a moverlo. Revisa la pauta de riego (ver izquierda).*

CUIDADOS SIMILARES

CACTUS DE PASCUA
Schlumbergera gaetneri

Esta especie florece en primavera. Al igual que al cactus de Navidad, le gusta estar en el exterior en verano, y después reposar en otoño para florecer mejor.

CACTUS MISTLETOE
Rhipsalis baccifera

Esta suculenta, que precisa de los mismos cuidados, es idónea para un macetero colgante. Los ejemplares maduros dan frutos.

ESPATIFILO
Spathiphyllum

Esta planta, de hojas verdes y lustrosas y que echa flores blancas de vez en cuando, es poco exigente e idónea para principiantes.

....

CÓMO NO MATARLO

 EMPLAZAMIENTO
Colócalo en una estancia cálida, entre 13 y 26 °C, al abrigo de corrientes de aire.

LUZ
Le gusta tener mucha luz indirecta.

RIEGO + ABONO
Riégalo cuando los 2-3 cm superiores del sustrato estén secos. Abónalo una vez al mes de primavera a finales de verano. Quizá tengas que regarlo con agua destilada, filtrada o de lluvia si el agua del grifo es muy dura.

CUIDADOS
Pon la planta en una bandeja con guijarros llena de agua. También puedes vaporizar las hojas una o dos veces por semana, sobre todo si hace calor. Arranca las flores marchitas y las hojas amarillentas. Trasplántalo cada año en primavera.

¡BICHOS!
(ver pp. 24-27)

Propenso a la **cochinilla de la harina** en la cara interior de las hojas.

¿ESTÁ CAÍDO?

Necesita agua.

♥ **SÁLVALO**
Sumérgelo en un cubo de agua y déjalo ahí media hora; a continuación, deja que se escurra. Así debería recuperarse rápido (ver Riego, pp. 18-19).

¿HOJAS AMARILLAS?

Es normal que las hojas viejas se vuelvan amarillas. Si son jóvenes, es estrés.

♥ **SÁLVALO**
Comprueba que el emplazamiento sea adecuado y que lo riegas y lo abonas como corresponde. Trasplántalo si el cepellón ha llenado la maceta. Prueba a regarlo con agua destilada, filtrada o de lluvia.

¿MANCHAS MARRONES EN LAS HOJAS?

Se han quemado.

💚 **SÁLVALO**
Apártalo de la luz directa del sol y colócalo más en sombra.

Manchas marrones

AGLAONEMA
Aglaonema
Esta planta tiene necesidades de cuidados similares, pero tolera la sombra y los cambios de temperatura, por lo que es ideal para un pasillo.

¿PUNTAS DE LAS HOJAS MARRONES?

Puede deberse a una falta de humedad o a un riego y abonado poco constantes. Otra causa podría ser la dureza del agua.

💚 **SÁLVALO** *Apártalo de las fuentes de calor y asegúrate de regarlo y abonarlo correctamente (ver izquierda). Prueba a regarlo con agua destilada, filtrada o de lluvia.*

Spathiphyllum
Altura y diámetro: hasta 60 cm

HOJA DE LATA
Aspidistra eliator
Limpia las hojas de vez en cuando y trasplántala solo si es imprescindible. Odia la tierra mojada.

LAS 5 MEJORES PLANTAS PARA
LA SALA DE ESTAR

No relegues las plantas de interior a un rincón polvoriento del salón. Colócalas en primer plano, en recipientes que den un toque especial al ambiente. Aquí tienes cinco opciones fantásticas.

Lengua de tigre
Sansevieria trifasciata

Esta planta poco exigente tiene un aspecto fuerte y arquitectónico que la hace destacar en cualquier sitio. Además, es perfecta para purificar el ambiente.

Ver Lengua de tigre, pp. 116-117.

Ficus lira
Ficus lyrata

Esta codiciada planta es una de las preferidas de los interioristas por sus exuberantes hojas en forma de pala. No la cambies de sitio si crece bien, pues tiende a perder las hojas si se la traslada.

Ver Ficus lira, pp. 76-77.

Zamioculca
Zamioculcas zamiifolia

Esta original planta de follaje exuberante llama la atención allá donde esté. No ocupa demasiado sitio y es fácil de cuidar.

Ver Zamioculca, pp. 138-139.

Kentia
Howea fosteriana

Esta palmera de fácil cuidado dará un toque de elegancia al salón. Con buena luz (sin sol directo) crecerá verde y frondosa. Limpia y vaporiza las hojas de vez en cuando.

Ver Kentia, pp. 84-85.

Costilla de Adán
Monstera deliciosa

Esta estrella de los años setenta vuelve a estar de moda y es una planta rotunda. Adjudícale un lugar luminoso o semisombreado y mucho espacio, porque crece bastante.

Ver Costilla de Adán, pp. 96-97.

AVE DEL PARAÍSO

Strelitzia reginae

Es fácil entender a qué debe su nombre esta planta: a las flores azules y naranjas, que parecen la cresta de un pájaro exótico.

CÓMO NO MATARLA

EMPLAZAMIENTO
Proporciónale calor (20 °C como mínimo) y buena luz. Un baño luminoso o una habitación acristalada serán ideales. También le gusta que circule el aire, así que en verano puedes dejarla en el exterior. En invierno necesita un mínimo de 10 °C.

LUZ
Tenla en un lugar lo más luminoso posible, pero en verano no la dejes a pleno sol.

RIEGO + ABONO
Riégala cuando la superficie del sustrato esté seca al tacto, sin empaparlo. En invierno, riégala muy de vez en cuando. Abónala una vez al mes en primavera y verano.

CUIDADOS
No trasplantes hasta que las raíces sean visibles en la parte superior del sustrato o estén saliendo por los agujeros de drenaje. Limpia las hojas con un paño limpio y húmedo para mantenerlas libres de polvo.

¿NO FLORECE?

No florecerá hasta que madure (4 años por lo menos), y necesita luz y abono. Crece mejor si está algo prieta en el tiesto.

SÁLVALA *Comprueba que tenga luz suficiente y el abono adecuado, y considera pasarla a un tiesto menor.*

¿HOJAS MARRONES?

Quizá la estancia no sea lo bastante húmeda o le falta agua y abono.

SÁLVALA *Comprueba los cuidados y evita una habitación cálida y seca.*

¿FISURAS EN LAS HOJAS?

Es totalmente normal. En la naturaleza, es una adaptación para permitir el paso del aire a través de las hojas.

¡BICHOS!
(ver pp. 24-27) | Propensa al **insecto escama**, la **cochinilla de la harina** y la **araña roja** en el follaje.

Strelitzia reginae
Altura: hasta 1,8 m
Diámetro: hasta 75 cm

¿HOJAS AMARILLAS?

Es normal en las hojas inferiores, que acabarán cayendo. Si amarillean hojas en otras partes, significa que a la planta le falta o le sobra agua, o que le desagrada algún aspecto de su emplazamiento.

SÁLVALA *Arranca con suavidad las hojas amarillentas. Revisa la pauta de riego y asegúrate de que recibe suficiente luz y calor (20 °C como mínimo).*

¿LA BASE SE PUDRE?

Podredumbre en la raíz o los tallos, porque el sustrato está demasiado mojado.

SÁLVALA *Prueba a trasplantarla cambiando el sustrato, comprueba que la maceta drene bien. No riegues en exceso. Consulta Enfermedades (pp. 28-29).*

ESTREPTOCARPO
Streptocarpus

El estreptocarpo es una encantadora planta de interior de hojas verdes y frescas y bonitas flores en una gran variedad de colores.

¡BICHOS!
(ver pp. 24-27)

Mira si hay **cochinillas de la harina** debajo de las hojas.

CÓMO NO MATARLO

EMPLAZAMIENTO
Colócalo en una estancia luminosa con temperaturas moderadas, entre 13 y 21 °C.

LUZ
Ofrécele luz indirecta. Lo idóneo es una ventana orientada al este o al oeste. Sobre todo en verano, no debe darle el sol directo.

RIEGO + ABONO
Riégalo cuando los 4-5 cm superiores de sustrato se noten secos; humedécelo sin empaparlo y deja escurrir el exceso de agua. En invierno, reduce el riego. Abónalo cada 2 semanas en primavera y verano. Un fertilizante con alto contenido en potasa (o específico para estreptocarpo) lo hará florecer mejor.

CUIDADOS
Trasplántalo cada primavera a una maceta algo más grande y poco profunda. Corta las flores secas para que siga echando capullos. En otoño e invierno, las puntas de las hojas se secan, lo cual es normal, corta los extremos y ya está.

¿MARCAS MARRONES EN LAS HOJAS?

Se han quemado o salpicado de agua. Son normales las puntas marrones en otoño e invierno.

❤ **SÁLVALO** *Apártalo del sol directo. Vigila de no mojar las hojas al regar.*

Marcas de quemadura

¿LAS HOJAS SE PUDREN EN LA BASE?

Puede deberse a un exceso de agua, un sustrato empapado o un mal drenaje.

❤ **SÁLVALO** *Retira las hojas afectadas y deja secar el sustrato. Comprueba que la maceta drene bien. Deja secar el sustrato entre riego y riego.*

¿MOHO GRIS EN LAS HOJAS?

Se trata de una enfermedad llamada botritis.

💗 **SÁLVALO** *Retira las zonas afectadas y aplica fungicida orgánico. Consulta Enfermedades (pp. 28-29).*

¿PLANTA MARCHITA?

Se debe a un exceso o a una falta de riego.

💗 **SÁLVALO** *Si crees que has regado demasiado, deja secar el sustrato. Recuerda dejarlo secar siempre antes de volver a regar la planta. Si crees que le falta agua, riégalo.*

CUIDADOS SIMILARES

GLOXINIA
Sinningia speciosa

La gloxinia tiene unas necesidades parecidas. Tenla en una estancia luminosa donde no haya corrientes. Para que florezca de nuevo, espera a que se seque antes de quitar los tallos y hojas amarillos, y reduce el riego. En primavera, trasplántala y vuelve a regarla. Sin embargo, la mayoría de la gente la desecha tras la floración.

Streptocarpus

Altura: hasta 30 cm

Diámetro: hasta 45 cm

¿HOJAS GRANDES Y POCAS FLORES?

No ha recibido el abono correcto o no tiene luz suficiente.

💗 **SÁLVALO** *Abónalo cada 2 semanas en primavera y verano. Si está en un lugar sombrío, trasládalo a otro más luminoso, con luz indirecta.*

PLANTAS DEL AIRE
Tillandsia

En estado silvestre, estas intrigantes plantas crecen adheridas a otras. En casa se cultivan sin sustrato, dentro de un globo de cristal o en un decorativo trozo de madera.

CÓMO NO MATARLAS

EMPLAZAMIENTO
A estas plantas les gusta la humedad, por lo que la cocina o el baño son idóneos. No dejes que pasen frío (menos de 10 °C) y evítales las corrientes de aire, sobre todo si están húmedas después del riego.

LUZ
Quieren luz indirecta. Evita un alféizar porque en verano pueden quemarse y en invierno quizá haga demasiado frío.

RIEGO + ABONO
Riega sumergiéndolas y escurriéndolas (ver Riego, pp. 18-19). Empápalas entre 30 minutos y 2 horas si les falta agua. Riégalas una vez por semana en verano o si tienes calefacción en casa, con agua destilada, filtrada o de lluvia. Si lo prefieres, vaporízalas bien varias veces por semana. Añade un cuarto de dosis de fertilizante al agua una vez al mes. Abónalas todo el año.

CUIDADOS
Después de regar la planta, sacúdela un poco y déjala secar cabeza abajo unas 4 horas antes de devolverla a su posición habitual.

¿NO FLORECE?
Las plantas del aire pueden tardar años en alcanzar la madurez y florecer.

SÁLVALA *¡No hagas nada! Algunas de estas plantas se vuelven rojas antes de florecer. Tras la floración, la planta echará hijuelos (nuevas plantas en la base) y morirá.*

¿ZONAS BLANDAS MARRONES O LA PLANTA SE DERRUMBA?
La acumulación de agua entre las hojas ha provocado podredumbre.

SÁLVALA *Demasiado tarde para salvarla. La próxima vez, sacúdela después de regarla y déjala escurrir cabeza abajo.*

¿HOJAS RIZADAS O PUNTAS SECAS?
No tienen suficiente agua.

SÁLVALA *Riega y vaporiza la planta más a menudo.*

Puntas de las hojas secas

Tillandsia melanocrater tricolor

Altura y diámetro: hasta 30 cm

Tillandsia tectorum

Altura y diámetro: hasta 30 cm

Tillandsia juncea

Altura y diámetro: hasta 30 cm

Tillandsia aeranthos

Altura y diámetro: hasta 30 cm

¿LAS HOJAS SE CAEN?

Es normal que estas plantas pierdan algunas hojas exteriores. Sin embargo, si pierde muchas, es que no está en el entorno adecuado.

❤ **SÁLVALA** *Arranca suavemente las hojas exteriores. Comprueba que las condiciones de luz, humedad y temperatura sean adecuadas (ver izquierda).*

AMOR DE HOMBRE
Tradescantia zebrina

Estas coloridas plantas son muy fáciles de cuidar y lucen mucho en un macetero colgante.

....

CÓMO NO MATARLO

 EMPLAZAMIENTO
Colócalo en una estancia que esté entre 12 y 24 °C.

 LUZ
Ofrécele mucha luz indirecta. Tolera un poco de sol directo.

 RIEGO + ABONO
Riégalo a discreción cuando los 2-3 cm superiores de sustrato estén secos; no dejes que quede empapado. Abónalo una vez al mes en primavera y verano.

 CUIDADOS
Retira los brotes de hojas de color verde liso, pues crecen con más fuerza que las coloridas y no son tan bonitas.

¡BICHOS!
(ver pp. 24-27)

El follaje es propenso al **pulgón** y a la **araña roja**.

¿HOJAS NO JASPEADAS?

No recibe sol suficiente.

SÁLVALO *Retira las hojas de color uniforme y trasládalo a un lugar más luminoso.*

¿TALLOS LACIOS?

Los tallos caen de forma natural, pero si están lacios es probable que se deba a una falta de riego o a la podredumbre de las raíces por exceso de riego.

SÁLVALO *Deja secar solo 2-3 cm de sustrato entre riego y riego. Fíjate en si hay podredumbre de raíces (ver Enfermedades, pp. 28-29).*

CÓLEO

Solenostemon

El cóleo, de hojas vistosas, es fácil de cultivar y tiene las mismas necesidades que el amor de hombre. Si se vuelve raquítico, quítale esquejes.

Tradescantia zebrina

Altura: hasta 15 cm

Diámetro: hasta 20 cm

¿PUNTAS MARRONES?

El ambiente es demasiado seco o sufre de escasez de agua.

☀ **SÁLVALO** *Vaporiza las hojas cada 3-4 días. Comprueba que riegas la planta lo suficiente.*

¿CRECIMIENTO ESPIGADO O PÉRDIDA DE HOJAS INFERIORES?

Podría deberse a una falta de luz, de agua o de abono. Sin embargo, es más probable que la planta tenga ya unos cuantos años. Con el tiempo, el amor de hombre se vuelve espigado y pierde las hojas inferiores.

☀ **SÁLVALO** *Revisa la pauta de cuidados. Si es viejo y no está bien, prueba a quitar esquejes de los tallos y plantarlos para que crezcan otros nuevos.*

YUCA

Yucca elephantipes

Esta planta de hojas puntiagudas y tallos en forma de tronco da un toque tropical al hogar.

Planta entera

¡BICHOS!
(ver pp. 24-27)

Propensa a los **insectos escama** y a la **cochinilla de la harina**.

CÓMO NO MATARLA

EMPLAZAMIENTO
Proporciónale una temperatura entre 7 y 24 °C, no menos. La yuca no es exigente: tolera fluctuaciones de temperatura y soporta el ambiente seco. Mantén la planta alejada de los niños porque las hojas pinchan mucho.

LUZ
Colócala en un lugar luminoso; soporta incluso cierta cantidad de sol directo. Si la pasas a un lugar soleado, aclimátala poco a poco.

RIEGO + ABONO
Riégala con moderación de primavera a otoño siempre que los 5 cm superiores de sustrato estén secos. Riégala menos en invierno. Abónala cada 2 meses en primavera y verano.

CUIDADOS
Limpia las hojas de vez en cuando con un paño limpio húmedo para que brillen y no se llenen de polvo.

¿HOJAS CURVADAS?

Puede ser falta o exceso de riego, o puede responder a una conmoción que haya sufrido la planta, como un traslado o trasplante.

☀ **SÁLVALA** *Asegúrate de dejar que los 5 cm superiores de sustrato se sequen entre riego y riego, y riégala de forma esporádica en invierno. Si tienes que trasladar la planta, hazlo progresivamente para que se aclimate.*

¿MANCHAS MARRONES O NEGRAS EN LAS HOJAS?

Las habrán producido bacterias u hongos.

☀ **SÁLVALA** *Retira las hojas afectadas y trata la planta con fungicida. Para más información, consulta Enfermedades (pp. 28-29).*

Manchas negras

**Yucca
elephantipes**

Altura:
hasta 2,5 m

Diámetro:
hasta 1 m

¿HOJAS AMARILLENTAS?

Es normal si solo ocurre en las hojas inferiores. Si afecta a toda la planta, probablemente se deba a una falta o a un exceso de riego.

❤ **SÁLVALA** *Arranca o corta las hojas amarillentas. Ajusta la pauta de riego si es necesario (ver izquierda).*

¿PUNTAS MARRONES?

Es probable que se deba a un riego irregular.

❤ **SÁLVALA** *Riega la planta con más frecuencia, siempre que los 5 cm superiores del sustrato estén secos.*

¿TRONCO PODRIDO?

Si la corteza se pela y el tronco se pudre por la base, habrás regado la planta en exceso, lo que es especialmente fácil en invierno.

❤ **SÁLVALA** *Reduce el riego y no dejes que la planta esté en un sustrato frío y húmedo. Si el problema ha llegado demasiado lejos, será imposible salvarla.*

CUIDADOS SIMILARES

PLANTA TI
Dracaena angustifolia

La planta ti puede presentar rayas de color rosa brillante, verde oscuro, púrpura, lima, rojo, amarillo o blanco. Prefiere una temperatura ambiente mínima de 10 °C y tolera la sombra parcial.

NOLINA
Beaucarnea recurvata

Este arbusto, con necesidades similares a la yuca, almacena agua en el tronco, por lo que no hay que regarlo en exceso.

ZAMIOCULCA
Zamioculcas zamiifolia

Esta asombrosa planta erecta es fácil de cultivar y muy poco exigente con el riego.

CÓMO NO MATARLA

EMPLAZAMIENTO
Déjala durante todo el año en una estancia cálida (15-24 °C). Tolera el ambiente seco.

LUZ
Si quieres que esté frondosa, ponla en una estancia luminosa sin sol directo. También resiste en lugares más oscuros.

RIEGO + ABONO
Riégala de forma que el sustrato se humedezca apenas y deja secar los 4-5 cm superiores entre riego y riego, todo el año. No lo dejes mojado. Abónala una vez al mes de primavera a finales de verano.

CUIDADOS
Limpia las hojas con un paño limpio húmedo para que estén relucientes y les llegue suficiente luz.

¡BICHOS!
(ver pp. 24-27)

Propensa a la **cochinilla de la harina** y a la **araña roja** en el follaje.

¿HOJAS QUE AMARILLEAN?

La has regado demasiado o tiene el sustrato mojado, lo que podría provocar la podredumbre de las raíces.

SÁLVALA *Deja secar el sustrato. Si la ves muy enferma, mira si tiene las raíces marrones y mohosas, podridas. Retira las zonas afectadas y trasplántala. Para más información, consulta Enfermedades (pp. 28-29).*

¿CAEN HOJAS O SE DESPLOMAN TALLOS?

Puede haber sufrido si la has trasladado, tal vez de un lugar sombreado a otro soleado. Si no, quizá tenga las raíces demasiado mojadas o secas.

SÁLVALA *Aclimata la planta a un nuevo emplazamiento paulatinamente. Fíjate en si el sustrato está demasiado seco o demasiado húmedo y ajusta la pauta de riego en consecuencia.*

¿MANCHAS MARRONES?

Son quemaduras solares.

♥ SÁLVALA

Llévala a donde no le dé el sol directo.

Manchas marrones

Zamioculcas zamiifolia

Altura: hasta 1 m

Diámetro: hasta 60 cm

PALMA DE IGLESIA
Cycas revoluta

Esta planta ancestral existe desde la época de los dinosaurios. Dispénsale los mismos cuidados que a la zamioculca.

CASTAÑO DE GUINEA
Pachira aquatica

Suele venderse con el tronco trenzado y precisa de cuidados similares a los de la zamioculca.

ÍNDICE

SOBRE LA AUTORA

Veronica Peerless es horticultora y diseñadora de jardines, además de escritora y editora experimentada. Actualmente es editora de contenidos de *Gardens Illustrated*, tras haber trabajado como productora de contenidos en gardenersworld.com y como editora adjunta en *Which? Gardening*. Ha colaborado en publicaciones como *The English Garden*, *Garden Design Journal* y *Telegraph Gardening*. Fue asesora de horticultura en *The Gardener's Year*, también publicado por DK.

AGRADECIMIENTOS

Autora: Muchas gracias a Christian King por su apoyo y sus inagotables tazas de té mientras escribía este libro.

Editorial: DK desea dar las gracias a houseofplants.co.uk por permitirnos hacer fotos de tantas de sus plantas: lanza africana, filodendro rojo, areca, crotón, cactus de Pascua, ficus lira, castaño de Guinea, guzmania, helecho canario, güembé, flor de cera, kentia, bambú de la suerte, cactus mistletoe, palma de salón, lengua de tigre, canción de la India, zamioculca y muchas otras que no aparecen en la versión definitiva del libro. La foto de la calandiva es de Katherine Scheele Photography.

Primera edición 2017
Edición Toby Mann
Edición de arte sénior Alison Gardner
Diseño Rehan Abdul, Karen Constanti
Edición ejecutiva Dawn Henderson
Dirección editorial Mary-Clare Jerram

Créditos fotográficos: La editorial desea agradecer a las siguientes personas el permiso para reproducir sus fotografías.
(Abreviaturas: a: arriba; b. bajo/abajo; c. centro; i. izquierda; d. derecha)

44-45 Dreamstime.com: Andreadonetti (c). **53 Dreamstime.com:** Slyadnyev Oleksandr (i). **100 Dreamstime.com:** Olga Miltsova (cdb). **118-119 Shutterstock.com:** AHatmaker (c)

Resto de las imágenes © Dorling Kindersley

Para más información, ver:
www.dkimages.com

TOXICIDAD

Algunas plantas de interior son tóxicas para personas y animales domésticos, y pueden ser peligrosas si se ingieren o si entran en contacto con la piel o los ojos. Para más información sobre plantas tóxicas, consulta con tu autoridad local.

DK LONDRES

Asistencia editorial Charlotte Beauchamp
Edición sénior Alastair Laing
Coordinación de cubierta Abi Gain
Edición de producción sénior Tony Phipps
Control de producción Rebecca Parton
Dirección editorial Ruth O'Rourke
Dirección de arte Maxine Pedliham
Dirección de publicaciones Katie Cowan

DK DELHI

Edición Ankita Gupta
Edición ejecutiva Saloni Singh
Edición ejecutiva de arte Neha Ahuja Chowdhry
Maquetación Manish Upreti, Rajdeep Singh, Nityanand Kumar
Coordinación de maquetación Pushpak Tyagi
Dirección de preproducción Balwant Singh
Jefatura creativa Malavika Talukder

Ilustraciones Debbie Maizels
Fotografía Will Heap
Textos adicionales Alice McKeever

De la edición en español:
Coordinación editorial Marina Alcione
Asistencia editorial y producción Eduard Sepúlveda

Servicios editoriales Tinta Simpàtica
Traducción Mercè Diago Esteva

Publicado originalmente en Gran Bretaña en 2017, 2023
por Dorling Kindersley Limited
DK, One Embassy Gardens, 8 Viaduct Gardens,
Londres, SW11 7BW
Parte de Penguin Random House

Este libro se ha impreso con papel
certificado por el Forest Stewardship
Council™ como parte del compromiso
de DK por un futuro sostenible.
Para más información, visita
www.dk.com/our-green-pledge